だいじをギュッと！
ケアマネ
実践力シリーズ

施設ケアマネジメント
利用者支援とチームづくりのポイント

中野 穣

中央法規

INTRODUCTION

はじめに

　施設ケアマネジャーの配置基準は、利用者100人に対し1名となっています。施設にスタッフはたくさんいますが、大きな施設でもケアマネジャーはたったの1人。施設内にケアマネジメントの理解が浸透せず、ケアマネジャーなんていなくても業務はまわるなどと言われ、風当たりが強くて嫌な思いをするといった声を耳にすることもあります。また、ケアマネジメントの悩みやわからないことを相談する相手が施設内にいない、それどころか地域の施設ケアマネジャー同士のネットワークもなく、施設ケアマネジャー向けの研修会もなく……、施設ケアマネジャーは孤独というのが定番のようです。

　一方で、施設ケアの没個別化、スタッフ本位のケア、虐待等が常に課題となっている事実があります。このような状況が改善されない原因の1つが、施設ケアマネジメントの軽視にあると考えます。

　施設ケアの質を高め、利用者本位のケアを達成するには、管理者はじめ施設のスタッフ全員が、ケアマネジメントの重要性に気づくことが不可欠です。そして、ケアの根拠として理解し、ケアの個別化を図り、それを施設全体のケアの理念や枠組みづくりへと広げていく、その基盤としなければなりません。実は施設ケアマネジャーはその中核を担う重要なポジションにあるのです。利用者、家族、多職種をつなぐ、それが施設ケアマネジャーの存在価値です。

　この本は、孤立しているとも言われる施設ケアマネジャーの皆さんを少しでも応援できるようにポイントを整理しつつ書き上げました。施設ケアマネジャーの皆さんのケアマネジメント業務の一助となれば幸いです。

2018.7　中野　穣

CONTENTS

はじめに ………………………………………………………………………… i

第1章
施設ケアマネジャーの業務

01 「お互いさまで生きる」を支える ……………………………………… 002
02 施設ケアマネジャーは"何"をする人？ ……………………………… 004
03 ケアマネジメントの効果 ………………………………………………… 008
04 施設ケアマネジャーの業務 ……………………………………………… 012
05 施設ケアマネジメントの基本的な流れ ………………………………… 014

第2章
施設ケアマネジメント❶アセスメント

01 利用者理解のスタート …………………………………………………… 018
02 アセスメントのプロセスを理解する …………………………………… 020
03 合意されたニーズを導き出す …………………………………………… 022
04 大切なのは"個別化"の視点 ……………………………………………… 028
05 健康・心身の機能と身体の構造 ………………………………………… 032
06 活動（ADL・IADL） …………………………………………………… 038
07 役割（参加） ……………………………………………………………… 042
08 個性・生活史 ……………………………………………………………… 046
09 環境（人的・物理的・制度的） ………………………………………… 048

第3章
施設ケアマネジメント❷施設ケアプラン

- 01 生の声をどれだけ聴けるか―利用者及び家族の生活に対する意向― ……… 054
- 02 支援のコンパスとしての役割―総合的な援助の方針― ……………………… 058
- 03 生活場面ごとのニーズを明確に―解決すべき課題（ニーズ）― ……………… 062
- 04 誰にでもわかりやすい目標に―長期目標・短期目標― ………………………… 066
- 05 手立ては"誰が、どこで、何を、どのように"―サービス内容― ……………… 070
- 06 利用者（自助）、家族・地域（互助）、多職種（共助・公助）の活用―担当者・頻度― … 074
- 07 目標の達成を念頭に置いて―期間― …………………………………………… 076

第4章
施設ケアマネジメント❸サービス担当者会議

- 01 サービス担当者会議の意義 ……………………………………………………… 080
- 02 サービス担当者会議の目的 ……………………………………………………… 082
- 03 サービス担当者会議の機能 ……………………………………………………… 086
- 04 サービス担当者会議におけるチームづくり …………………………………… 090
- 05 情報共有型と問題解決型 ………………………………………………………… 094

第5章
施設ケアマネジメント❹モニタリング・終結

- 01 チームにおけるモニタリングとは ……………………………………………… 098
- 02 モニタリングの確認ポイントと方法 …………………………………………… 102
- 03 モニタリング記録 ………………………………………………………………… 106

第 6 章
施設におけるシステムづくり

- 01 連携・ポジショニング❶生活相談員との連携 ……………………………… 112
- 02 連携・ポジショニング❷ケアワーカーとの連携 …………………………… 116
- 03 連携・ポジショニング❸看護師との連携 …………………………………… 120
- 04 連携・ポジショニング❹主治医との連携 …………………………………… 126
- 05 連携・ポジショニング❺外部医療機関との連携 …………………………… 128
- 06 連携・ポジショニング❻栄養士との連携 …………………………………… 130
- 07 連携・ポジショニング❼居宅ケアマネジャーとの連携 …………………… 134
- 08 連携・ポジショニング❽地域住民との連携 ………………………………… 136
- 09 会議の場を活用する …………………………………………………………… 140
- 10 リスクマネジメント❶ヒヤリ・ハットから学ぶもの ……………………… 144
- 11 リスクマネジメント❷事故は多様な視点から分析する …………………… 148

第 7 章
施設利用者の状態像別ポイント

- 01 疾患の継続的観察が必要　病気(身体)の変化をチェックする ………… 154
- 02 認知症❶その人の生きる世界を理解する …………………………………… 156
- 03 認知症❷バリアフリーの悪影響 ……………………………………………… 160
- 04 認知症❸自己決定と利用者利益 ……………………………………………… 162
- 05 看取り・家族支援❶枯れるように"逝く"ために …………………………… 164
- 06 看取り・家族支援❷看取りの指針 …………………………………………… 168
- 07 看取り・家族支援❸看取りの合意 …………………………………………… 174

著者紹介

タスにゃん
人を助(タス)けることに喜びを感じ
ネコ一倍仕事(タスク)に燃えるケアマネ5年目のネコちゃん。
肩にかけているタスキは使命感の象徴。
ツナ缶(マグロ)とレタスが大好物。

施設ケアマネジャーの業務

1

CONTENTS

01 「お互いさまで生きる」を支える
02 施設ケアマネジャーは"何"をする人?
03 ケアマネジメントの効果
04 施設ケアマネジャーの業務
05 施設ケアマネジメントの基本的な流れ

01 「お互いさまで生きる」を支える

> **POINT**
> 在宅でも施設でも、利用者の"自立"を意識することは大切です。「お互いさまで生きる」を支える、施設ケアマネジャーの基本姿勢を押さえましょう。

生活のなかでの依存

　介護保険法の第1条では、"利用者の尊厳の保持と能力に応じ自立した日常生活を営むことができるよう支援すること"が目的とされています。

　それでは、「自立」とは、人がどのように生きている状態を示す言葉なのでしょうか。すべて自分でできることでしょうか？　例えば、仕事に行って、買い物をして、調理をして、入浴もして、トイレにも行って……。しかし、男性の場合、家事の大半を母や妻に依存している人が多いのではないでしょうか。また子育て期の女性の場合、経済的に夫に依存していたりします。このような一般的な生活の一部の依存は、自立をしていないことになるのでしょうか。

お互いさま

　自分自身ですべての生活行為を完結している人は存在せず、私たちはお互いに力を貸し借りしながら生活しています。このようにお互いに支えあう関係を互恵性といいます。平たく言えば"お互いさま"です。できないところ、苦手なところ等をお互いに補い合うことで、人は生きていけるのです。

　例えば、親子関係について考えてみましょう。幼い子どもを育てている親は子どもに多くの力を注ぎます。食事や入浴、排泄の世話等、24時間つきっきりと

01 「お互いさまで生きる」を支える

1 施設ケアマネジャーの業務

> 介護保険法第1条
> 　この法律は、加齢に伴って生ずる心身の変化に起因する疾病等により要介護状態となり、入浴、排せつ、食事等の介護、機能訓練並びに看護及び療養上の管理その他の医療を要する者等について、これらの者が尊厳を保持し、その有する能力に応じ自立した日常生活を営むことができるよう、必要な保健医療サービス及び福祉サービスに係る給付を行うため、国民の共同連帯の理念に基づき介護保険制度を設け、その行う保険給付等に関して必要な事項を定め、もって国民の保健医療の向上及び福祉の増進を図ることを目的とする。

いってよいでしょう。反対に、幼い子どもは親に具体的に何かをしてくれるわけではありません。しかし、本当にそうでしょうか。親が一方的に力を注いでいるように見えますが、実は親は子どもから生きる力を与えてもらっています。互恵性には、精神的、情緒的な循環も含まれるのです。

寝たきりの夫を一人で介護する女性がこんなことをおっしゃいました。「この人（夫）は寝たきりだけれど、家にいてくれるだけで夜は安心なの。入院して家にいないと、夜一人でいるのが怖いんです……」。まさに、このご主人は奥様にとって「存在すること自体に価値がある」と感じた瞬間でした。

私たちケアマネジャーが目指す自立支援は、この"お互いさま"を支えることにその本質があります。同時に、ケアマネジャーも利用者の存在があればこそ、仕事に意味が生まれます。まさに、私たちも含めての"お互いさま"なのです。

> **まとめ**
> ・自立の本来の姿は、"お互いさま"の関係が基本であり、私たちが目指す利用者の自立も同様です。
> ・認知症の人も寝たきりの人も、援助者である私たちに何かを与えてくれています。利用者と援助者の間にもお互いに支えあう互恵性が存在します。

02 施設ケアマネジャーは"何"をする人？

> **POINT**
> 施設ケアマネジャーは、ケアマネジメントの手法を用いて多職種からなるチームをコーディネートして利用者の自立支援を担います。

利用者の自立を支援する

　利用者の自立支援と尊厳を保持するために、ケアマネジャーに求められる倫理原則の1つが「権利擁護（アドボカシー）」です。

　加齢やさまざまな機能障害により、自分の"思い"を正確に伝えることが難しい、または時間がかかってしまう、あるいは伝える行為そのものが難しい利用者が施設には多く存在します。つまり、自己決定（主体性）に制約がある利用者が施設には多くいるということです。

　そうした側面をもち合わせながら、加えて、施設は物理的に家族や地域から一定の距離があります。支援する側が意識して取り組まないと、日常生活と隔絶された世界になりかねません。支援する側に主体性が傾斜した世界になってしまう危険性をはらんでいるといえます。

　施設を特別な世界にしないためには、施設ケアマネジャー等がコミュニケーションを通じて、利用者や家族の"思い"を代弁していくことが求められます。利用者がこれまでどのように生きてきたのか、施設に親を預ける家族の思いに寄り添いながら代弁し、それを施設内に伝えていくことで、どんな重度障害の利用者でも、その人なりの"自立支援"の形が見えてきます。

02 施設ケアマネジャーは"何"をする人?

図表1-1 ケアマネジメントは利用者を中心としたチームアプローチ
「支える人」「支えられる人」ではなく同じ高さで……

ケアマネジメント

　当たり前ですが、ケアマネジャーの仕事はケアマネジメントを行うことです。ケアマネジメントは、利用者とケアマネジャーが一対一で支援を行うのではなく、利用者、家族、地域、多職種がチームを組んで、利用者のニーズと目標を共通理解したうえで、目標達成のために一体的にアプローチすることに特徴があります。チームの主役は利用者で、その最も近くにいて伴走しながらケアのマネジメントを行うのがケアマネジャーの役割といえます（図表1-1）。

多職種連携

　ケアマネジメントは、多様な専門性をつないで、同じ目標に向かって流れを1つにしなければなりません。
　主治医、専門医、看護師、歯科医師、歯科衛生士、PT（理学療法士）、OT（作業療法士）、管理栄養士、介護福祉士、成年後見人(弁護士、司法書士、社会福祉

士等）、生活保護ケースワーカー、居宅ケアマネジャーなど、施設ケアマネジャーが連携しなければならない専門職も多様化しています。

　これらの専門職は、それぞれの領域における深い専門知識はもち合わせていますが、それぞれの専門職が有するそれぞれの領域の専門知識をつなぎ合わせて支援する機能を有しているとはいえません。

　施設ケアマネジャーは、深い知識という点ではそれぞれの専門職にはかなわなくても、幅広い知識をもって、適切に専門職につなぐこと（コーディネートすること）が専門性の1つといえます。

　加えて、施設は在宅の対照的なサービスという位置づけから、地域における住居の1つと考えられるようになってきています。そういった流れからも、地域住民等のインフォーマルサポート（家族・友人、ボランティアによる支援など、非公的な支援）との連携も求められるようになっています。

　在宅の頃に参加していた、高齢者を対象とした地域で実施されている交流会に、施設に入所した後も参加することができれば、施設は隔絶された特別な世界ではなくなります。私の施設では入所後数年が経過している利用者が、今でも囲碁教室や病院へのボランティアに参加しています。こういったことが当たり前になれば素敵なことではないでしょうか。

まとめ

・利用者の自立支援と尊厳の保持には、利用者や家族の"思い"を代弁する「権利擁護（アドボカシー）」が大切です。
・ケアマネジメントの特徴はチームアプローチです。チームの主役は利用者で、その最も近くで伴走しながらケアマネジメントを行うのがケアマネジャーの役割です。
・さまざまな専門職をつなぐことがケアマネジャーの専門性の1つです。

応援旗

COLUMN 1 施設ケアマネジャーの業務

「施設ケアマネジャーの役割って何だろう？ 施設ケアって24時間体制なんだから、ケアマネジャーなんていなくたってケアは勝手に回っているし……。施設にケアマネジャーって必要なのかな……」ケアマネジャー自身からこんな声を聞くことがあります。アセスメントして、ケアプランを作って、モニタリングして、でも誰も見てくれない、評価してくれない……。孤独な仕事……。

　何もしなくてもケアが回るということは、ケアする側のベルトコンベアに利用者を乗せて流しているようなもの。そのことにケアする側が気づいていないのです。画一的な手法で、傷がついていないか、色がおかしくないか、そんなところばかりをチェックします。まるで品質管理です。焦っているのか、わき目も振らず、一心不乱に……。

　ケアマネジャーは、「多少でこぼこしていても、大きさが違ってもいいじゃないですか」と一生懸命声をかけながら、「こっちを見て!」とケアプランという旗を振り、ベルトコンベアを止めて利用者を降ろそうとしています。でも、あまり理解してはもらえません。

　こんな感じ方をしている施設ケアマネジャーも多いのではないでしょうか。でも大丈夫。後ろを振り返ってみてください。気がつくと、旗に気づいて同じように利用者を降ろそうとしている人が……。多くの人は、自分でも気づかないうちに目線を下に向け、悪気なくベルトコンベアだけを見ているのです。でもケアマネジャーが懸命に旗を振ることで、その大切さに目を向ける人が少しずつ増えてきました。

　大きくてきらびやかな大漁旗でなく、小さな応援旗でいいのです。心を込めて振り続けることで、その旗は多くの人の目に留まるようになります。いつの間にかベルトコンベアから手を離し、一緒に応援旗を振ってくれる人でいっぱいになる日が必ず来ます。

03 ケアマネジメントの効果

> **POINT**
> ケアマネジメントには、❶利用者指向モデル、❷システム指向モデルがあります。この2つの理解に努めて、施設で機能させるためにどうすればよいか、意識しましょう。

ケアマネジメントの2つの指向

　ケアマネジメントには、❶利用者指向モデル、❷システム指向モデルという2つの考えがあるといわれます。

　利用者指向モデルは、利用者の尊厳の保持がその中心となります。そのために求められる倫理原則として、「生命の保護」「公正・中立」「自己決定」「利用者利益の優先」「QOLの向上」「守秘義務」といったものがあります。このような視点を常にもちつつ、利用者を中心に支援を行うのが利用者指向モデルです。

　もう1つがシステム指向モデルです。利用者本位の支援が求められるのは当然ですが、社会資源には限りがあります。「ヒト・モノ・カネ・ジカン」を無駄なく効率的に使わなければなりません。また反対に、社会資源が届かなければならないはずの人が漏れてしまうようなことがあってはなりません。

　システム指向モデルでは、このような社会資源のムダ使いや漏れを防ぐゲートキーパーのような役割が求められています。"利用者指向モデル"と"システム指向モデル"のバランスを上手にとって、効果的に支援を行うことが求められています（図表1-2）。

図表1-2 ケアマネジメントの2つの指向

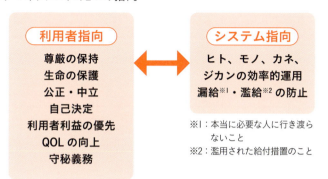

施設の課題を地域の共通課題へ

「認知症の利用者が不穏で、どうしても落ち着いてくれない。徘徊して他の利用者の居室に侵入してトラブルになったりして、今のままでは施設を継続して利用してもらうことが難しいと感じている。周囲の職員からは退所してもらうしかないのではという声も出始めた」。施設ケアマネジャーからはこうした悩み事をよく耳にします。薬で症状をおさえると活動性も低下するし、転倒や誤嚥のリスクが増えてしまいます。

　このような不穏や徘徊に至る問題点は、その人の「個別の生活課題」に見えることが多いのが事実です。例えば、生活史や家族の関係性、本人の"思い"であったりします。しかし、サービス担当者会議（カンファレンス）等でじっくりと検証してみると、BPSD（認知症の行動・心理症状）を「悪化させる要因」が見えてきたりします。

　例えば、利用者の多くが認知症で双方向のコミュニケーションが難しかったり、「会話する相手がいなくて、一人でポツンと過ごしている時間が多い」という環境要因があります。もう1つの背景には、「（人手不足で）ケアスタッフが非常に多忙で、利用者とかかわる時間がない」という環境要因が隠されていたりします。

図表1-3 施設共通の課題の導き出し方

個人的要因に見えるけれど……

↓

背景には施設（地域）共通の要因が……

↓

そこから施設（地域）共通の手段的課題を見つけ出す！

このような環境要因は、どこの施設でも日常的に見られるものではないでしょうか。一見すると「個人的要因」に見えるけれど、その背景には「施設（地域）共通の要因」が隠されているということになります。

　では、このような「施設（地域）共通の要因」を解決するには、何があればよいのでしょう。例えば、「ケアスタッフの多忙」を解決するために、地域にある施設が一体的に、「どのような工夫のもとに利用者とかかわる時間を作っているのかを共有する場」「人手不足解消のために福祉の仕事の魅力を地域に発信する仕組み」が必要であると導き出されたとします。そのために地域福祉施設連絡会を立ち上げようという意見が出ました。地域福祉施設連絡会の立ち上げは「施設（地域）共通の手段的課題（目標）」ということになります。

　このように、個人的要因から施設（地域）共通の要因を導き出し、そこから施設（地域）共通の手段的課題（目標）を導き出し、地域の施設が連携しながら一体的に課題達成する仕組みづくり等が考えられます（図表1-3）。

　ケアマネジメントは、このような地域ニーズの導き出しや地域を変えるための手段を明確にすることにも応用できます。

- ケアマネジメントの利用者指向モデルとシステム指向モデルのバランスを上手にとり、効果的に支援を行うことが求められます。
- 個人的要因から施設（地域）共通の要因を導き出して、地域と施設が連携して一体的に課題を達成する仕組みづくりが求められます。

04 施設ケアマネジャーの業務

POINT
施設ケアマネジャーの仕事のサイクルをあらかじめ整理しておくと、突発的な業務が入った際にも慌てずに対応することができます。

1日の標準的業務

　施設ケアマネジャーの1日の標準的な業務は、次のようなものです。
　ケアワーカーの経過記録を確認したり、報告を直接聞いたりしながら、健康状態、看取り、事故等による変化のあった利用者をラウンドすることで、その日を状態を把握します。
　その結果、確認したいこと、対応すべきことがあれば、施設内の看護師、ケアワーカー、栄養士、主治医、家族、提携する病院等と連携をとり、必要な情報の収集や報告、助言、依頼を行い、その経過を記録します。
　また、事業所内の職員間で1日の予定を共有する会議等への出席、その日の業務日報の作成等の業務などもあります。

1か月の標準的業務

　1か月の標準的な業務の主たるものにサービス担当者会議があります。
　ただし、月によってサービス担当者会議で検討する利用者の数に大きな差があると実務が回らなくなってしまいます。そのため、利用者の数を12か月である程度按分することで、基本的な1か月あたりの開催回数が確定できます。そこに、新規入所の利用者や大きな状態変化のあった利用者のアセスメントやサービス担当者会議が加わることになります。

サービス担当者会議を開催するには、利用者のモニタリングをして臨まなければなりません。そのために、会議の1週間〜2週間前には担当ケアワーカーや医務室、栄養士等にモニタリングシート等での評価を依頼します。その評価結果を確認して、ケアプラン修正の必要性等について検討しながらサービス担当者会議の当日を迎えることになります。

その他にも、入院中の利用者のモニタリング、家族との面接や電話での状態報告、管理者会議や生活支援にかかる会議体等への出席、認定調査への立ち合い等の実務があります。

1年の標準的業務

年度が終わりに近づくと、1年の業務を振り返り、評価をしなければなりません。多くの事業所では、各部門や各担当で事業評価を実施しているでしょう。

次にその評価をもとに、新年度に向けて事業計画を立案しなければなりません。例えば、「長期目標（介護保険制度改正に合わせて3年）」「短期目標（単年度ごとの目標）」「短期目標を達成するための具体的実践」といった枠組みです。

そして、このような評価軸をもとに、中間評価を6か月に1回といったように期間を決めて評価します。

- 施設ケアマネジャーの1日の業務、1か月の業務、1年の業務の流れを把握して、計画的に実施できるようになることが重要です。
- 基本的なルーティン業務を押さえておくと、不測の事態にも慌てずに対応できます。その都度、施設が対応できる内容を増やしていけるとよいでしょう。

05 施設ケアマネジメントの基本的な流れ

> **POINT**
> 施設ケアマネジメントの標準的な流れとポイントを理解しましょう。

入所申込み受付

　入所申込みは、家族が足を運ぶ場合が多いでしょう。地域や施設によって多少の差異はありますが、その多くは「入所申込書」と、添付資料として「介護保険被保険者証の写し」「認定調査票・主治医意見書の写し」「直近3か月のサービス利用表の写し」「緊急連絡先」「担当ケアマネジャーの意見書」等をもって受付しています。

　受付時には、生活相談員もしくは施設ケアマネジャー等が緊急度や受付可能（施設で対応が可能な状態像である）かどうかの評価を行うインテーク面接を実施します。入所申込み後、受付証明書を発行し、入所受付リストに登録します。

アセスメント・入所判定

　入所申込みの受付をした人について、受付資料をもとに認知症・精神疾患等、虐待、高齢独居・高齢夫婦世帯等の要因から緊急性が高いと判断された人を中心に、判定に必要な情報をアセスメントしながら入所判定にかかる会議で判断することになります。アセスメントは、利用者・家族をはじめ、虐待や認知症の独居世帯等にかかる地域を巻き込む課題があるような場合には、担当した居宅ケアマネジャー、地域包括支援センター等に及ぶこともあります。

入所決定・契約

入所が決定すれば、利用者に連絡・通知し最終の意思確認を行います。時々、入所決定通知を受けて気持ちが翻ってしまい、入所を辞退する人もいるので注意が必要です。そしてアセスメントの場所、日程等の調整を行います。

アセスメント

利用者がどのように生きてきたかを理解するために、可能な限り、居宅でアセスメントしましょう。看護師やケアワーカーに同行してもらい、一緒にアセスメントできると、利用者の日常をほんの少しかもしれませんが共通理解することができ、入所後のケアの参考になるでしょう。

サービス担当者会議／ケアの実施・モニタリング

施設の場合、サービス担当者会議は早くて利用者の入所日、家族等の都合によっては、入所後に実施されることが多い実態となっています。

サービス担当者会議を経てケアプランが確定するとその内容に基づいてケアが実施されます。そして3か月から6か月ごとにその達成状況の評価や新たなニーズが発生していないかなどについてモニタリングを行います。

> **まとめ**
> - 入所受付では、施設で対応可能かどうかのスクリーニングを行ったうえで受付をします。
> - 入所判定のためのアセスメントは緊急性が中心となります。入所が決定した後に生活の全体像を理解するためのアセスメントを実施します。
> - サービス担当者会議は利用者、家族と多職種との初顔合わせの場です。入所後なるべく早く実施しましょう。

施設ケアマネジメント❶
アセスメント

2

CONTENTS

- 01 利用者理解のスタート
- 02 アセスメントのプロセスを理解する
- 03 合意されたニーズを導き出す
- 04 大切なのは"個別化"の視点
- 05 健康・心身の機能と身体の構造
- 06 活動（ADL・IADL）
- 07 役割（参加）
- 08 個性・生活史
- 09 環境（人的・物理的・制度的）

01 利用者理解のスタート

> **POINT**
> 施設の利用者へのより良い働きかけや関わりのために、アセスメントは利用者を理解する重要なプロセスです。

アセスメントは利用者理解のスタート

　アセスメントは、日本語では「課題分析」「事前評価」などと表現されます。言葉からは、利用者ではなく課題を中心に置く考えである印象があります。最近では、アセスメントは「利用者を理解する過程」といった考え方が浸透してきており、支援の中心が利用者へ変化していることの表れといえます。

陥りやすい施設利用者の理解

　施設利用者は重度の認知症や身体の機能障害を抱えているため、自分の思いを語ることができない人も多くいます。入所時には、すでに無言で車椅子に座っていたり、認知症で自分の置かれた状況がわからず混乱していたりします。このような状態の利用者に繰り返し出会ううちに、援助者はいつしか慣れてしまい、利用者や家族の思いを十分に聴くことなく、疾患、心身の機能障害、ADLの制限といった情報収集のみでアセスメントを終了してしまってはいないでしょうか。

施設ケアマネジャーの課題

　利用者は、在宅から施設に生活の場を移すことになると、人間関係、財産、大切にしていたものなど、人生で培ってきたものをほとんど家に置いてくることに

なります。そして全く新しい環境で生きていかなければなりません。利用者を見ただけでは、どんな人で、どんな人生を歩んできたのかなどはわからず、施設ケアマネジャーは、利用者と同じ地域で生活していたわけでもありません。

また、居宅介護支援事業所のケアマネジャーのように、長期に渡って自宅やその周辺の環境に深く入り込むわけではないので、意識的に地域に出向かないと利用者の施設入所に至るまでの生活は全く見えません。これが施設ケアマネジャーに共通する大きな課題といえるでしょう。

利用者を理解する

施設ケアマネジャーは、利用者の何を理解しなければならないのでしょう。その中心にあるのは、利用者の存在価値です。

利用者や家族が、何を大切にして、何を問題と感じているのか。施設入所を選ばざるを得なかったのはなぜか。過去や現在、未来をどう感じているのかなどの主観的世界を自身の言葉で語ってもらう必要があります。

障害が重く何も語れなくても、自分で動くことができなくても、周囲がその人を理解しようとしながら支えることで、その人らしく生きていくことは可能です。

住まいを移して入所した利用者に、施設のプラスマイナスを考えながら、アセスメントをしていくことが大切です。

・アセスメントは利用者を理解する過程です。
・利用者がどのように生きてきたのか、利用者の存在価値が支援の中心となることを押さえましょう。
・利用者の価値観や利用者自身が感じる問題などを利用者自身の言葉で語ってもらいましょう。

02 アセスメントのプロセスを理解する

> **POINT**
> アセスメントでは、主観的現実と客観的現実の理解が重要です。利用者の望む暮らしと生活ニーズ、潜在化しているニーズも押さえましょう。

アセスメントの2つの枠組み

アセスメント面接で最も大切なのは、利用者に今の自分自身の"思い"を語ってもらうことです。その語りから、主観的現実(利用者が生きている世界)が垣間見えてきます。同時に、ケアマネジャーが、視覚や聴覚で確認したり、多職種からの情報提供、診断書等のデータから確認できる客観的現実(他者から見て確認できる世界)があります。

アセスメントは、利用者理解のためにこの2つの枠組みから整理します。そして、得られた情報をベースに、利用者がどのような人で、どのような状況に置かれているのか、"生きることの全体像"を、さまざまな視点で見立てていきます。

アセスメントの大きな流れ

その結果、導き出されるのが、利用者が何を求めて、どのように生きていきたいかという「望む暮らし」です。同時に、生活の至るところにある望む暮らしを阻む問題状況とそれを解決するためのニーズ、生活をさらに豊かなものにするためのニーズを導き出していきます。

ニーズは、利用者や多職種から見て明らかに顕在化されたニーズに加えて、利用者や家族が気づいていない潜在化したニーズを明らかにする必要があります。ニーズが明確化されて整理されれば、その1つひとつに対して利用者の目標を設

図表2-1 アセスメントのプロセス

定し、目標達成のための手立てを考えていきます。

　これがアセスメントの大きな流れです。目標の設定から手立てを考えるプロセスは、アセスメントの後半部分であり、同時に、ケアプラン作成のプロセスでもあります（図表2-1）。

> **まとめ**
> - アセスメントには、利用者の"語り（主観的現実）"と、多職種の情報提供等から確認できる"客観的現実"の2つの枠組みがあります。
> - アセスメントによって、利用者の「望む暮らし」が導き出されます。同時に、望む暮らしを阻む問題状況と、それを解決するためのニーズや生活を豊かにするためのニーズを導き出します。
> - 顕在化されたニーズに加えて、潜在化しているニーズを明らかにして、目標達成のための手立てを考えましょう。

03 合意されたニーズを導き出す

> **POINT**
> ニーズは、アセスメントの「見立て」と「手立て」の橋渡しの役割を担うものです。利用者の状態像に応じたニーズの導き出し方を整理できるようになりましょう。

　ニーズには、統一された日本語訳はありません。さまざまな書籍でも、そのままニーズと表現されています。私は、"お互いさまの自立"を支援するために解決しなければならない「問題」や、将来の「目標」などを含めてニーズと表現してもいいのではと考えます。

　では、ケアマネジャーがニーズをどのような思考プロセスで導き出しているか、ブラッドショーのニーズ概念を用いて整理してみます。

"思い"を伝えられる利用者のニーズの導き出し方

　利用者は皆、心の中に「身体で感じるニーズ（felt needs）」があります。「欲求（want）」とも表現されます。普段は意識されていませんが、何かの拍子に意識化されます。例えば、お腹がグーッと鳴ると、「お腹が空いたなー」と意識されます。「あなたはどんなケアマネジャーを目指しているの?」と尋ねられると、「私は利用者本位のケアマネジャーになりたい」と言語化されたりもします。

　「身体で感じるニーズ（欲求）」は他者にはわかりません。言葉で表して初めて他者に伝わります。これが「言葉で表したニーズ（expressed needs）」です。「要望・主訴（demand）」ともいいます。利用者が「言葉で表したニーズ（要望）」には特徴があります。それは、時に利用者自身の不利益になったり、家族の「言葉で表したニーズ」とバッティングしたりすることです。

図表2-2 ニーズを言葉で伝えることができる利用者のニーズの導き出し方

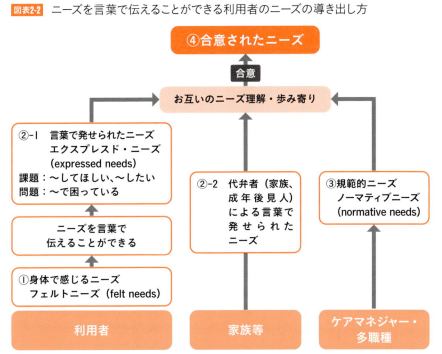

※この図では、代弁者とケアマネジャーのフェルトニーズは省略しています。

　家族が「言葉で表したニーズ」も同様で、家族自身や利用者の不利益になることがあります。例えば、糖尿病が悪化する可能性があるのに、利用者自身が「好きなように美味しいものを食べたい」と要望したり、利用者は「これからも家で暮らしたい」と言っているのに、家族は「施設に入ってほしい」といったことです。こういったニーズ間のジレンマを修正するのが規範的ニーズ（normative needs）です。規範的ニーズとは、ケアマネジャーの専門的価値、専門的知識・技術と経験値から導き出されるニーズで、利用者、家族双方の利益になるのが特徴です。

　利用者ニーズ、家族ニーズとケアマネジャー等の規範的ニーズが歩み寄り、見出された着地点が「合意されたニーズ」です。ケアプランに記載されるのはこの合意されたニーズということになります（図表2-2）。

"思い"を伝えることができない利用者のニーズの導き出し方

　ところが、施設利用者には、認知症や身体の機能障害等で、自分の思いを言葉で表すことが困難な人がたくさんいます。

　ケアマネジャーが、このような利用者のニーズをどのように導き出しているのかを紐解いてみると、家族に利用者のニーズを代弁してもらい、その要望に配慮しながら、同時に規範的ニーズによってアドボカシー(代弁)をして、利用者ニーズを導き出していると整理できます。

　そのときに重要なのは、専門知識・技術に加え、利用者の快・不快を表している表情や身体的な動き、叫び声といった、利用者の非言語コミュニケーションを観察して、耳を傾けることです。

　さらに忘れてはならないのが、BPSD（認知症の行動・心理症状）です。皆さんご存じのように、施設ではBPSDは「徘徊」「粗暴行為」「被害妄想」「異食」「不穏・興奮」等といった専門用語で申し送られます。その視点は利用者のリスクマネジメントにあり、「このような症状があるので、事故やトラブルに気をつけてください」ということです。

　確かにリスクマネジメントの視点も重要です。しかし、施設利用者は重度の障害をもちながら住まいを移し、そこには家族という代弁者もいません。今まで歩んできた人生の大部分を切り離して施設に入所するのです。

　このような利用者の権利擁護を役割とする施設ケアマネジャーに求められるのは、BPSDを認知症の周辺症状として理解するだけでなく、非言語コミュニケーションとして理解する視点です。つまり、「徘徊＝歩く目的は何か（家に帰ってご飯をつくらないと……）」、「粗暴行為＝人を叩くのはどのような感情からか（あなた誰？　近寄らないで!)」、「被害妄想＝お金を盗られたと思う気持ちの背景（お金がない！　ご飯食べたのに支払いができない!)」といったように、心の中にある身体で感じるニーズ（欲求）を探ろうとすることなのです（図表2-3）。

03 合意されたニーズを導き出す

図表2-3 ニーズを言葉で伝えることができない利用者のニーズの導き出し方

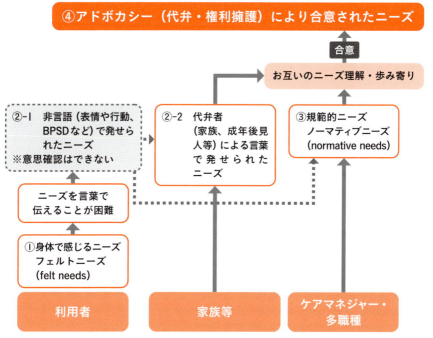

※この図では、代弁者とケアマネジャーのフェルトニーズは省略しています。

ニーズは見立てと手立ての橋渡し

　利用者の情報を整理し、分析して導き出された「合意されたニーズ」は利用者の「見立て」のゴールです。ニーズが導き出されると、そのニーズに対して、「利用者の目標」設定を一緒にしなければなりません。

　ここからが「手立て」のスタートです。生活場面ごとの目標が決まったら、その目標を達成するための手立てを組み立てていきます。「誰が、どこで、何を、どのように」を明確にしていくことになります。

　ニーズは、この、「見立て」と「手立て」の橋渡しの役割をします（図表2-4）。

図表2-4 ニーズはアセスメントの「見立て」と「手立て」の橋渡し

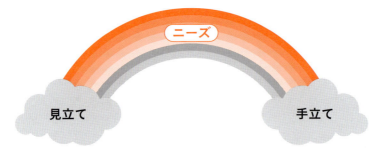

アセスメントの見立て　　　　　　　　アセスメントの手立て
（情報収集・統合・分析）　　　　　　利用者目標の設定・支援（サービス）
　　　　　　　　　　　　　　　　　　内容立案

　アセスメントの前半のニーズの導き出しプロセスは、❶情報収集・整理、❷情報の統合・分析の2つのプロセスです。ニーズをはさんでアセスメントの後半はニーズを解決・達成するためのプロセスです。❸「目標（の設定）」はニーズ解決・達成の到達点、つまりアウトカム（結果）ゴールです。❹「手立て（の設定）」は目標達成のための「具体的な手段」です。

　結果オーライではなく、結果を出すためのプロセスも非常に重要です。利用者・家族、地域住民、多職種といったさまざまな人が参加する「自助・互助・共助・公助」のプロセス（過程）ゴールです。ニーズを中心としたこのプロセスもしっかりと理解しましょう。

> まとめ
> ・利用者と家族の要望と、ケアマネジャーの「規範的ニーズ」が合意された結果、「合意されたニーズ」が導き出されます。
> ・ニーズは、アセスメントから導き出された「見立て」と「手立て」の橋渡しの役割を果たします。

利用者と家族の思いに配慮して着地点を見出す

COLUMN 2

　利用者のAさん（女性90歳）は、施設に入所した日から「衣類がなくなった。ここには泥棒がいる」と訴えます。面会に来るBさん（長男）は、「家にいるときからそんなことばかり言って！　いい加減にしろ！」「薬を飲ませておとなしくさせてもらって結構です」と言います。先日の面会訪問のときなど、居室内で同じように訴えるAさんの頭をポカリと叩いてしまい、居合わせたケアワーカーになだめられるということも起こりました。

　施設ケアマネジャーのCさんは、「さて、どうしたものだろう……」と考えつつ、Aさん、Bさんの心に思いを巡らせてみました。Aさんの主訴（要望）を代弁すると、「泥棒をつかまえて衣類を取り戻してほしい」ということではないかと考えました。また、息子さんの主訴については、「こんなことばかり言って迷惑かけていると、いつか出て行ってくれと言われたりしないだろうか……頼むからおとなしくしてほしい（決して本心から薬でおとなしくさせてほしいなどとは思っていない）」と想像しました。

　Cケアマネジャーは、Aさんの被害妄想を改善する対策について検討しながら、Bさんに、被害妄想を理由として退所してもらうようなことはないと伝えると同時に、今後の対策について説明して安心してもらうことにしました。

　Cケアマネジャーの規範的ニーズは、「Aさんの"思い"を尊重した対応をしつつ、被害妄想を軽減する手立てを考え、方向性を示すことでBさんに安心してもらう」ということになります。このように、利用者と家族の両方の思いに配慮しながら着地点を見出すのがケアマネジャーの役割の1つなのです。

　Aさんを立てればBさんの立つ瀬がない、Bさんを立てれば、Aさんの人権が損なわれる可能性がある。両者の"思い"の間に挟まれたときに、悩みながらも着地点を見出すのがケアマネジャーの腕の見せ所です。

04 大切なのは"個別化"の視点

> **POINT**
> アセスメントでは利用者の"語り"に耳を傾けて、利用者の"歩んできた道"を理解することで、日常生活の"流れ"が見えてきます。

アセスメントの結果が同じになる「原因」

「施設ケアは個別化が難しく、同じようなケアプランになってしまう」という施設ケアマネジャーの悩みをよく耳にします。ケアプランはアセスメントの結果を文章化したものですから、言葉を変えると、「アセスメントの結果が同じになってしまう」ということになります。

　私たちの周囲の人々はみんな同じような人ばかりでしょうか？　そんなはずはありません。そうした理由の1つは、利用者を疾患、心身機能障害と活動（ADL・IADL）制限の側面から評価していることにあります。リスクマネジメントの視点のみで利用者を見立てても個別化することはできません。

　その理由は、「疾患」については「血液検査データ」「CTやMRI等の画像診断」であったり、心身機能は「障害高齢者の日常生活自立度」や「認知症高齢者の日常生活自立度」に代表されるような、「ランク」による標準化であったり、BPSDの有無のみをチェックボックスで評価するといったように、客観性を重視したデータベースによる評価が中心だからです。また、「活動制限」の側面からのみの評価視点は、どうしても単に「できない、支援を要する活動場面」だけを切り取って評価してしまう傾向にあります。

図表2-5 "語り"に耳を傾けることで個別化が可能

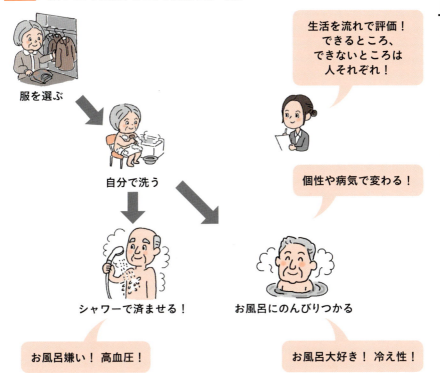

利用者の"語り"に耳を傾ける

　施設の利用者は、重度障害の状態にある人が多いといえます。そのような利用者とかかわり続けると、いつの間にか利用者の多数を占める状態像に慣れてしまい、疾患と障害に視点が傾きリスクマネジメントが中心になって、利用者の個性や生きてきた道のりに視点を向ける意識を忘れてしまいがちです。

　アセスメントの基本は、やはり、"利用者の語りに耳を傾ける"ところからスタートします。利用者自身が何を問題としているのかが重要であるとして、アセスメント面接を行う際には、「何で一番困っているのか」を本人自身の口から聞かせてもらうことがアセスメントの基本です。

また、利用者が問題をどのように「考え」「感じ」、どう「行動」しているか、毎日の生活でどのような支障があるのか、今までどのようにして解決しようとしてきたか、なぜ支援を受けようと思ったのか等を聞かせてもらいつつ、利用者の生活史や価値観を把握するように努めなければなりません。

利用者の"歩んできた道"を理解する

　全く同じ価値観を共有している人はこの世に一人といません。それは"歩んできた道"が違うからです。では、私たちの心にある個人的な価値はどのように形作られていくのでしょう。人は生まれたその瞬間から、かかわる周囲の人々の影響を受けて成長します。両親、きょうだい、友達といったようにかかわる人の数は少しずつ増えていきます。このような人たちとの交流の体験が個人的な価値に影響を与えるといわれます。また、生死の境をさまよったり、困難の崖っぷちで誰かに手を差し伸べられたりといったような、心に残るような特別な体験、感銘を受けた本等にも影響されるといわれています。個人的価値は目に見えるものではありませんが、利用者を固有の存在として理解するには、利用者や家族に生活史について語ってもらい、耳を傾ける必要があります。
　どのように生きてきて、何を大切にしてきたのか、どういうことが許せなくて、どんなことに頑張ってきたのか。これらのことが理解できてくると、その利用者との関わりやケアで何を尊重しなければならないか、何に注意しなければならないかといったこと等が少しずつ見えてくるのです。

日常生活を"流れ"で理解する

　日常生活を"流れ"で理解することも大切な視点です。例えば、お風呂が好きな人にとっては、お風呂は一人でのんびりできる唯一の場であったりします。しかし、お風呂が嫌いな人にとっては、単に身体をきれいにする場という意識しかないでしょう。
　日々の活動1つひとつが固有の意味をもっています。このような違いは、利用者の個性や置かれている環境の影響から生じています。また、入浴が同じ「半介

図表2-6 個別化にとって大切な視点

- 疾患や障害・制限・制約といったリスクのみで評価しない
- 利用者の"語り"に耳を傾ける
- 利用者の生活史を知る
- ADLは具体的な生活場面を流れ（プロセス）で理解する

助」であっても、例えば、入浴という活動を着替える服の選択からスタートし、浴室までの移動、脱衣、入浴、着衣といった流れで見立てると、どこができて、どこができないかは、利用者によってすべて違うことがわかります。

このような視点をもつと、施設という環境であっても利用者を個別化することが可能になります。

まとめ

- 利用者の最も困っている問題について、本人がどう考え行動してきたか等、あらゆる側面に耳を傾けるようにしましょう。
- 人が固有の存在であるのは、"歩んできた道"が異なり、"育んできた価値観が違う"からです。そのため、利用者や家族の生活史を知ることが不可欠です。
- 利用者の個性や置かれている環境を考慮して、ADLは一連の動作の流れでどこができてどこができないか、評価するようにしましょう。

05 健康・心身の機能と身体の構造

> **POINT**
> 疾患の管理は日常生活場面ごとに実施します。また、薬の作用・副作用も把握します。精神・身体機能についても評価する視点を持ちましょう。

疾患の特徴を知る

　施設利用者の平均年齢は80代後半。入所に至る主な原因は、老化や慢性疾患、事故による後遺障害が多くを占めます。医学的管理は、主治医と看護師との連携がベースとなりますが、ケアマネジャーには「主治医、看護師とケアワーカーをつなぐ」という大切な役割があります。

　施設の場合、ケアの大半はケアワーカーが行います。看護師は受診や処置のため、利用者の日々の微妙な変化の観察に時間を十分に割くことは困難であり、ケアワーカーを通じての把握に頼ることになります。そのためケアマネジャーは、疾患の特徴を熟知しておく必要があります。

疾患の管理は日常生活にあり

　そこで大切なのが、「日常生活場面ごと」に、疾患の管理や悪化のチェックポイントを具体的にケアワーカーに示すことです。例えば、高血圧と心不全傾向のある利用者の場合、食事や水分の摂取量、服薬の確認、体重、血圧、下肢の浮腫等を、食事、入浴、運動時等の生活場面で観察するよう伝えなければなりません（図表2-7）。

　「どのような点に注意し、いつ、どのように観察し、報告するか」の流れをケアプランやサービス担当者会議で明確にする必要があります。

図表2-7 医療ニーズのとらえ方

医療ニーズは……「受診」と「服薬」ね!

本当にそれだけ?

↓

医療ニーズではあるけれど、受診と服薬は「手段」

もつべき視点と役割は……

医療ニーズは、「日常生活のなかで、誰が、何を、どのように観察し、看護師、主治医につなぐか」が重要!

- 入浴時には……
  血圧、脈、息切れ、脱水、浮腫や冷感、皮膚の状態

- 食事のときは……
  栄養のバランス、塩分、水分の量、むせの状態、口腔内の状態

- 排泄時には……
  便意、尿意、便、尿、帯下の状態、排便、排尿の回数、痛み、不快感、皮膚の状態

- 運動時には
  血圧、脈、息切れ

等

薬の作用・副作用を知る

　薬には作用と副作用があります。看護師に管理をすべてまかせるのではなく、利用者の疾患とともに処方薬についても把握をして、特に副作用についてはしっかり調べておく必要があります。

　副作用の症状は看護師だけでは把握が難しく、また、転倒や他の利用者とのトラブル等の事故につながる場合もあります。ケアワーカーを通して24時間の観察が欠かせません。

　薬の作用・副作用については、処方時の薬剤情報だけでなく、本やパソコンソフトの薬辞典、最近ではインターネット等でも容易に調べることができます。

　＜薬の作用・副作用＞
・薬の「作用」「副作用」について学んでおきましょう。
・同じ薬でも、利用者によっても作用・副作用症状が異なります。
　また、薬が合う、合わないも、人によって異なります。
・主治医や看護師に、「どのような症状があれば報告しなければならないか」
　を確認しておきましょう。
・副作用による二次的な副作用（歩行の不安定や他の利用者とのトラブル等）
　にも気を配りましょう。

精神機能とは

　精神機能とは、注意機能、記憶機能、思考機能、計算機能といった、脳のもつ機能のことをいい、これらが障害を受けることを精神機能障害といいます。抑うつ気分やうつ病、双極性障害などの気分障害なども含まれます。

　障害の程度によっては、日々の活動や役割に大きな影響を与えます。また、治療や服薬の継続、リハビリテーションの理解などに支障がある場合には、健康そのものにも影響を与えます。

認知症の人の主観的現実

認知症の人は、記憶障害、認知機能障害等により、時に自分自身が誰で、どこにいて、いつの時代に身を置いているのかがわからないといった現実世界に生きていることもあります。

利用者により、認知できる人や時間、場所はさまざまです。わかる場所はどの範囲か、誰がわかって誰がわからないのかといったことは、認知症の進行状況や利用者の生活環境によって異なります。また重度の認知症であっても、すべてを忘れ去ったわけではなく、新しいことを全く覚えることができないわけでもありません。エピソードそのものは忘れても、楽しかった、悲しかったという感情や大切にされているという情緒は残ります。記憶に留まらなくても、温かな心地よい経験を繰り返し重ねることで、穏やかな日常を取り戻すことができます。深くかかわることで、名前は覚えてもらえなくても、顔を覚えてもらうことは可能だったりします。

しかし、どうしても意欲をもてない人もいます。原因は、認知症や気分障害であったり、障害が受容できていなかったり、高齢といったさまざまな要因が絡み

図表2-8 認知症の人の現実世界に寄り添った支援

今日のお出かけ楽しかったですね！

どこにも行ってないと思うけどな……
何を言ってるんだ？

失礼しました。私の勘違いでした。
また美味しいものを食べに
行きましょうね！

ここの人は
みんないい人ばかり。
大切にしてくれるなー

あって"自分が生きていることの価値"を見失ってしまっているのかもしれません。無理な励まし、無理強いは禁物です。

その人の現実世界と気持ちに寄り添った支援が大切であることを心に留めておきましょう（図表 2 - 8）。

生活から把握する身体機能と体（構造）

視覚、聴覚、嗅覚、味覚、触覚は、人が生活していくうえで基本となる必要な感覚です。このような感覚機能については、日常の活動を見て評価できますが、半側空間無視や、失行・失認・失語といった高次脳機能障害等についてはリハビリテーションの専門職に評価してもらうとよいでしょう。

また、咀嚼、嚥下機能は専門医の診断を必要としますが、体調や病状によって日々変化します。食材や調理方法によっても異なります。食事の様子を観察し、その日の体調や食材による咀嚼や飲み込みの状態の違いを確認することで変化を把握することができます。

口腔内の状態を把握することも重要です。残歯の状況、入れ歯が合っているか、舌苔(ぜったい)の付着等の確認は、美味しく食事を食べるということ、誤嚥性肺炎等の疾患予防において重要です。自分である程度歯磨きをしている利用者は、特に要注意です。口腔内の汚染が、歯周病、誤嚥性肺炎、心疾患、糖尿病等のリスクファクターであることが知られるようになってきているからです。

体幹や下肢の筋力については、臥床した状態から立位、歩行までの基本動作を観察することである程度評価できます。

最後に、利用者の身体の痛むところ、かゆいところをしっかりと把握しておきましょう。痛み、かゆみは想像以上にADL、QOLを低下させます。しばしば不眠や多動にもつながります。認知症の利用者でも、苦痛の表情や身体をさする仕草で痛みの部位がわかったり、搔(か)いたりする動作や皮膚の傷でかゆみが把握できます。

現有機能の評価の視点

身体機能のアセスメントでよくしてしまう誤りは、「左麻痺」「下肢筋力低下」等、障害のみに視点を向けてしまうことです。「左麻痺」＝「右半身は動く」、「下肢筋力低下」＝「杖で歩けるくらいの筋力は保持」、「難聴」＝「耳の側で話せば聞こえる」など、現有機能の評価の視点も忘れないようにしましょう（図表2-9）。

図表2-9 評価は表裏一体

左麻痺＝右半身は動く！　難聴＝耳元で話せば聞こえる！
……視点を変えれば可能性は見えてくるわ！
可能性が見えると、いろいろなアプローチが浮かぶわね！

- 疾患の特徴と日常における管理を把握することで、ケアマネジャーが「主治医・看護師とケアワーカーをつなぐ」役割を担いましょう。
- 疾患の管理や悪化のチェックポイントをケアワーカーに具体的に示しましょう。
- 疾患とともに処方薬を把握して、副作用について調べておきましょう。副作用症状を理解して、観察によりトラブルを予防しましょう。

06 活動（ADL・IADL）

POINT
活動（ADL・IADL）を環境との相互作用で評価することで、「支援を要する活動」「できる活動」を「している活動」へ向上させることを目指しましょう。

「できる活動（ADL）」を「している活動（ADL）」へ

利用者の活動は、❶「している活動」と❷「できる活動」、❸「支援を要する活動」、❹「する活動（目標）」と整理ができます。

❶「している活動」は、日常生活で実際にしている活動で、「実行レベルの活動」です。❷「できる活動」とは「能力レベルの活動」のことで２種類あります。

１つは、日常生活ではできないけれど、リハビリテーションや機能訓練場面ではできる活動です。例えば、病院のリハビリテーション室では、理学療法士に見守られながら四点支持杖で歩行しているけれど、病棟では手すり等につかまりながら歩行しているのであれば、見守り四点支持杖歩行は「できる活動」、つかまり歩きは「している活動」ということになります。

もう１つは、「今はしていないけれど、やろうと思えばできる活動」です。例えば、グループホームで、長年包丁を持ったことがなかった認知症の女性に、試しに包丁を握ってもらうと、久しぶりとは思えないほど上手にネギを刻むことができたといった話を耳にしますが、このような場合、「包丁を使う」という活動は「（最近はしていなかったが、やろうと思えば）できる活動」となります。

❸「支援を要する活動」は、基本動作、ADL、IADLといった身辺自立に支援を要する活動です。自分ではできないけれど、自分で決めて、他者に支援してもらう活動、自分で一部分はできるけれど、支援してもらわなければ完結できない

図表2-10 「できる活動」を「している活動」へ

昔はしていたけれど……　今はしていないの……

再び……　毎日「している活動」へ……

活動などがそうです。❹「する活動」というのは、「将来する活動」であり、「目標レベルの活動」です。

この❶から❹の活動を整理すると、将来、「する活動」を目標にして、「している活動」は安定的に継続しながら、リハビリや機能訓練で「できる活動」を日常生活で「している活動」に高めたり、昔していた活動を見つけ出して、「している活動」として復活させる、また「支援を要する活動」については、できるだけ「している活動」に高めていくことになります。「現有（残存）能力の活用」といわれるものです（図表2-10）。

活動は環境の影響のもとで評価する

　私たちは生きていくためにさまざまな活動をしています。基本動作（寝返り、起き上がり、立ち上がり、歩行等）を組み合わせながら、ADL（入浴、食事、排泄、整容等）、IADL（調理、買物、掃除、受診、金銭管理、仕事等）といった目的のある活動になります。

　このような活動をアセスメントするときに、「自立」「半介助」「全介助」という、3分割で評価されている場面を見かけます。特別養護老人ホーム等の入所系サービスでは、どのような人が入所しても環境は同じというイメージから、環境を評価する視点が失われているのではないでしょうか。このようなざっくりした評価では、利用者の活動を個別化することはできません。「している活動」と「支援を要する活動」を具体的に評価しなくてはなりません。

　例えば、ベッドからの立ち上がりと食堂の椅子からの立ち上がりは、同じではありません。入浴半介助といっても、お風呂まで行って、脱衣して、湯船に浸かって、体を洗ってという一連のプロセスにおいて、どのプロセスが「している活動」で、どこが「支援を要する活動」なのかは利用者によって違います（図表2-11）。

　次に、人的環境から見てみます。介助するケアワーカーが女性でないとダメな利用者もいれば、男性が好みの利用者もいます。若いケアワーカーが安心でよい利用者もいれば、年齢が近いケアワーカーが親近感があってよいという利用者もいます。心身機能がほぼ同じような状態の利用者でも、かかわる人によってADLが変化する可能性があります。

　つまり、活動は人的・物理的環境との相互作用において一連のプロセスで評価しないと、ケアワーカーによってアプローチがバラバラになってしまったり、利用者が頑張って「している活動」を支援してしまって、いつの間にか「している活動」ができなくなってしまったりします。これでは自立支援にはなりません。

06 活動（ADL・IADL）

図表2-11 半介助でも「している活動」「支援を要する活動」は違う

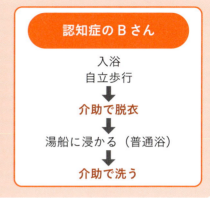

- 「支援を要する活動」「できる活動」を「している活動」に高めるためのアプローチが重要です。
- 「自立・半介助・全介助」3分割での評価では自立支援にはつながりません。環境の影響によって活動は全く違うものになるので、その視点をしっかり押さえるようにしましょう。

07 役割（参加）

> **POINT**
> 「役割（参加）」は人を動かします。自尊心を高める働きかけを行い、生活機能の良循環を意識しましょう。

「活動」と「役割（参加）」の違い

　生活の基本は「ADL・IADL（活動）」です。私たちは身体に備わった心身機能をフル活用して、入浴、食事、排泄、睡眠などの命を維持するための生理的な欲求や、安全・安心の欲求を満たしながら、子育て、仕事、趣味、教育、文化活動など、さまざまな社会活動をしています。

　このような活動は、周囲の人々との関係性でなされるもので、そこには、父親や母親、職場の同僚、趣味仲間、学友、ボランティア仲間などといった役割が存在します。例えば、自分のために料理を作るのは「活動」ですが、家族のために料理を作れば、そこに「妻として、母としての役割」が生じます。調理をすることの意味が自分のためであれば「活動」ですが、家族のためであれば「役割（参加）」になります（図表2-12）。この違いをしっかりと押さえておきましょう。

「役割」は人を動かす

　人は自分のことよりも、人のためのほうが大きな力を発揮することがあります。家族に毎日料理を作っている女性が、自分1人のときにはカップラーメンで終わらせてしまうというエピソード。男性に仕事をする理由を尋ねると「家族のため」という答えが返ってきたりします。1人でのウォーキングは続かなくても、夫婦や友人と一緒のウォーキングは長続きしたりします。「誰かのため」「誰かと一緒」

図表2-12 「役割」と「活動」の違いを理解する

自分のための調理なら……
「活動」

誰かのため……
誰かと一緒なら……
「役割」

の活動＝役割は、人にとって強いインセンティヴ（動機づけ）となり、大きな力を生み出します。役割があることで活動性が高まるのです。

施設利用者における"役割（参加）"

　施設利用者に役割をもち続けてもらう視点は2つあります。1つは、入所前の関係性を対象とした役割です。家族や旧知の友人等との関係性を維持できるような支援をどうしていくかが重要です。例えば、家族や友人が面会に来たときに、他人の目や時間を気にせず一緒に過ごすことができたり、時になじみの家や地域に帰ることができる環境が看取りのステージまで継続してあることです。もう1つは、入所者やスタッフとの新たな関係性を築くことができ、一緒に家事や楽しい時間を共有できることです。住み慣れた家や地域で培ってきた環境には及ばずとも、いかに他者との関わりを保つことができるかを支援の中心に置いて考えなければなりません。

"お互いさま"が自尊心を高める

　第1章01で、「自立支援は"お互いさま"を支えること」という話をしました。

図表2-13　"お互いさま"が向学心を高める

お互いさまの関係は
「ありがとう」のキャッチボールを育む！
「ありがとう」は「生きていてもいいかな」の
心を育む！

「役割」とは、まさにこの"お互いさま"そのものです。

　人は一方的に与えられる立場になると自尊心が大きく揺らぎます。ここでいう自尊心とは、自分のことを肯定的にとらえることができる「セルフ・エスティーム（自己肯定感）」です。今までできていたことが支援がないとできなくなったり、支援してくれる相手に疲れが見えると、無力感や喪失感に悩まされます。そして、「自分はいないほうがいい」「必要のない人間だ」などと自分自身を否定してしまう意識が生じるのです。

　このような一方向の支援を、可能な限り双方向に変えていくとどうでしょう。誰かのために何かをすることで、「ありがとう」のキャッチボールが始まります。キャッチボールを毎日繰り返すことで、「私も役に立てるんだ」といった気持ちになります。「役割」は、人が生きるために最も大切な自尊心を育むのです。

生活機能の良循環

　アセスメントの対象領域である「心身の機能と身体の構造」「活動（ADL・IADL）」「役割（参加）」の３つのカテゴリーを「生活機能」といいます。「役割」は生活機能と心（自尊心）の良循環を生み出す"カギ"になります。

　認知症の女性Aさんに毎日役割として、洗濯物たたみをお願いしました。Aさんは快く引き受けてくれて、洗濯物をたたむ活動が日課になります。この活動は、座位で腕と指先を使うという複合動作で成り立ちます。その動作は、洗濯物をたたむために頭（精神機能）と体（身体機能）を毎日使うということです。

　これが"生活機能の良循環"です。加えて、ケアワーカーは洗濯物たたみが終わると「ありがとうございます。助かりました!」と声をかけます。Aさんは、「またいつでも言ってください」とおっしゃいます。Aさんは嬉しくなり、言葉には

07 役割（参加）

図表2-14 役割は人を動かす！

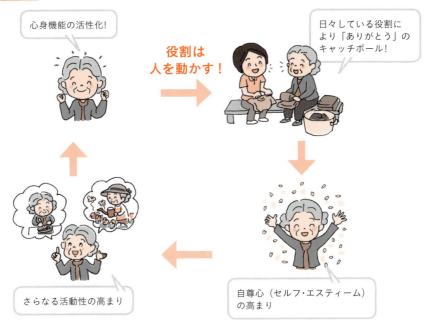

しないけれど「役に立ててよかった」と自尊心が沸き立ちます。"生活機能の良循環"は利用者の自立（支援）に向けて常に意識していなければなりません。

- 社会活動は周囲の人々との関係性からなり、そこには役割が存在します。役割は、人にとって強いインセンティヴ（動機づけ）となり、活動の力を生み出すのです。
- 「役割」は、人が生きるうえで最も大切な自尊心を育みます。"生活機能と自尊心の良循環"は利用者の自立に向けて常に意識しなければなりません。

08 | 個性・生活史

> **POINT**
> 利用者がたどってきた生活史は個性そのものです。施設への入所は、"生活史（過去）"を置き去りにすることでもあると理解し、利用者に向き合いましょう。

個人的価値を育む

　人は人生の歩みにおいて、周囲の人からさまざまな影響を受けます。生まれて初めて出会う両親やきょうだい、保育園や小学校の友だちや先生、中学校の部活動の仲間など、ライフステージごとに出会いを重ねていきます。

　このような周囲の人からの影響のほかにも、読んだ本やテレビで見たドキュメンタリー等に感銘を受けたりしますし、心に残る特別な体験の影響も受けたりしながら、個人的価値が育まれていきます。

　人はこの個人的価値を基準に日々のさまざまな自己決定を行い活動し、その蓄積が人生といえます。個人的価値は、性格やライフスタイル、習慣といったさまざまな個性の源になります。好き、嫌い、許せる、許せない、共感できる、共感できない、といった感情にも影響を与えます。

生活史は個性そのもの

　そして忘れてはならないのが生活史です。利用者がどのような時代に生きて、どのように歩んできたのか、一人として同じではありません。そういう意味で、生活史（過去）は利用者の個性そのものといえます。生活史を聴かせてもらうことは、支援方法や方向性に大きく影響します。

施設入所は過去の喪失

　施設に入所することは、人生で築き上げてきたものを家や地域に置き去りにすることでもあります。

　大切な家族、自分で建てた家、趣味のもの、仏壇やお墓等、当たり前だったものが完全にリセットされ、目の前には見慣れない無機質な部屋や同じドアが並んだ廊下、大きな食堂にたくさんの見知らぬ利用者とケアワーカーがいるのです。

　反対に、受け入れる側の施設のスタッフにしてみると、同じような高齢者がまた1人入所しただけの事実になっていないでしょうか。重度の認知機能障害や身体機能障害があると、個性が見て取れないことや変貌している場合もあります。要望を言葉で表すことが難しい利用者が多いのも事実です。過去を聴かせてもらうことさえも難しい現状があります。

個性を読み取る

　利用者を個別化するためには、日々観察するなかで、その利用者の"快""不快"を知ることです。例えば、表情やしぐさ、体動等の非言語コミュニケーションを観察するのです。

　加えて、利用者の生活史を家族等から聴かせてもらいましょう。どのような人生を歩んできたか、どのような価値観をもっていたのかを知ることで、重度の障害によりコミュニケーションがとれない利用者でも、個別の存在になります。

- 利用者の生活史（過去）は、その人の個性そのものです。生活史を知ることは支援の質に大きく影響します。
- 施設への入所は「喪失体験」といえます。当たり前に目の前にあったものが、リセットされる体験であることを理解しましょう。
- 利用者を観察し近しい方々から生活史を聴かせてもらい個別化に努めましょう。

まとめ

09 環境（人的・物理的・制度的）

> **POINT**
> 施設に入所してからの関係づくりに配慮しましょう。バリアフリー環境は、利用者にマイナスに作用することがあることも意識しましょう。

家族や友人との関係性

　家族、友人、地域……私たちは"お互いさま"の関係で生きています。人生のステージごとに出会いと別れがあり、家族や友人のように一生をともにする人もいます。人は周囲の人々と何らかの形でつながって生きています。環境を評価するうえで最も大切なのは、周囲に存在する人との関係性といえます。

　しかし、施設への入所は今までかかわってきた人間関係がほとんどリセットされます。利用者は大きな不安を抱え、時に混乱します。混乱のなかで、利用者の個性がかき消されてしまわないようにしなければなりません。

　そのためのポイントの1つは、入所する前の人間関係を理解することです。夫婦関係や親子関係は入所後の支援に大きく影響します。

　関係が良好であればさまざまな協力が得られ、利用者のQOLが高まるとともに支援の幅が広がります。反対に関係が悪ければ、利用者が孤立したり、依頼した家族との関わりや支援が、家族にとって大きな負担になることもあり、ケアマネジャーとの信頼関係に影響することもあります。

　こういった関係は、一度のアセスメントで把握できるものではなく、信頼関係を築くなかで少しずつ理解していくことになります。

09 環境(人的・物理的・制度的)

2 施設ケアマネジメント❶ アセスメント

新しい関係性

　2つ目のポイントは、入所後の人間関係です。入所した日から、他の利用者やスタッフといったたくさんの見たこともない人々が目の前に現れます。

　利用者は混乱し、不安も感じます。特に認知症の利用者は、混乱状態が継続したりもするでしょう。このような場合、入所日から利用者としっかりとコミュニケーションをとりながら、気の合いそうな利用者やスタッフを見出さなければなりません。例えば、友人づくりのために、サークル活動やレクリエーションでの交流をセッティングしたり、食堂の席を気の合いそうな人と並べてみるなどの配慮です。気のおけない関係性を築くことが期待できる自分と同世代の人たちやこれまで出会う機会の少なかった人たちと会話を楽しめることは、QOLの向上や個別性の尊重という意味においてとても重要です。

暮らしの跡は物理的環境に刻まれる

　利用者が日々過ごしてきた自宅には、文字通り「暮らしの痕跡」が刻まれています。なにげなくテーブルの上に置かれているもの、壁に掛かっているもの、書棚に並んでいる本等は、現在の暮らしぶりだけでなく、趣味や嗜好といった内面までも雄弁に語ります。壁に掛けられた表彰状や、居間のよく見える場所に置かれた写真からは、利用者が最も輝いていたときや、愛情を注いでいる相手を知ることができるでしょう。面接で折を見てそれらに話を向けると、生き生きとした表情でお話を伺えるかもしれません。利用者理解がより深まる瞬間といえます。

　しかし、施設という環境では、そうした暮らしの痕跡はわかりません。今まで築き上げてきたものが全く見えないからです。利用者の個性を理解するために、その人が生きてきた場所（自宅等）を見させていただくことは重要です。入所時のアセスメントでは、前述のとおり、ケアスタッフや看護師と居宅を同行訪問したいものです。暮らしの痕跡に目を向け耳を傾けることが、利用者の尊厳の保持や個性を見出すことにつながり、地域の雰囲気を感じることもできます。

バリアフリーという環境のマイナス

　利用者は自宅でさまざまなバリアを乗り越えて生活しています。例えば、独居や高齢夫婦世帯で生活を維持していたり、段差だらけの家で長年暮らしてきたなどです。利用者は、こうした地域で当たり前にみられる人的・物理的環境のもと利用者はバリアの多い環境のなかで、リスクを負いながらも必要に応じて頑張って活動されています。その結果として、心身の機能を使うことになり、健康状態が維持される側面もあります。

　しかし施設に入所した途端に、人的・物理的なバリアは解消して、自宅のように頑張る必要がなくなる傾向があります。バリアフリーという環境変化が、時に活動性を低下させ、心身機能の低下を招く可能性があるのです。安全・安心のためにバリアフリーは効果的ですが、反対にバリアフリーが利用者の"踏ん張り"を奪うような過剰な支援には注意しなければなりません。そのためには、在宅でどのような活動をしてきたのかを把握し、施設入所後も在宅時と同様の利用者の

現有能力を活かす視点が求められます。

制度的環境を把握する

　施設入所者を取り巻く制度は非常に多様です。フォーマルサービス（公的サービス）には、介護保険、医療保険、年金、各種障害者手帳、生活保護、成年後見等の国の制度や、介護予防・日常生活支援総合事業のように市町村レベルの独自性のあるもの等があります。

　インフォーマルなサポートには、ボランティア活動、高齢者の地域見守り活動、認知症カフェ等といった、その地域独自の取り組みがあるでしょう。

　施設入所時に、利用者がどのような制度を利用していたのか把握する必要があります。時に、利用者や家族にプラスになるのに情報がなくて導入していないこともあり、このような場合には家族への助言が求められます。また、高齢者の文化サークルや高齢者の集い等には、施設入所後も引き続き参加可能な団体があります。こうした活動は地域と施設をつなぐものであり、施設が特別な場所にならないための役割も果たします。地域住民から特別な目で見られないための動きも、施設ケアマネジャーには求められているでしょう。

- 施設入所はこれまでの人間関係がリセットされるため、入所前の人間関係の理解が重要です。入所日から、他の利用者やスタッフといった多くの人々が現れるため、人間関係づくりの取り組みを留意しましょう。
- 施設のバリアフリー環境が、時に利用者の活動を低下させ、結果として、心身機能の低下を招くこともあります。過剰な支援にならないよう努めましょう。

施設ケアマネジメント❷
施設ケアプラン

3

CONTENTS

01 生の声をどれだけ聴けるか―利用者及び家族の生活に対する意向―

02 支援のコンパスとしての役割―総合的な援助の方針―

03 生活場面ごとのニーズを明確に―解決すべき課題（ニーズ）―

04 誰にでもわかりやすい目標に―長期目標・短期目標―

05 手立ては"誰が、どこで、何を、どのように"―サービス内容―

06 利用者（自助）、家族・地域（互助）、多職種（共助・公助）の活用―担当者・頻度―

07 目標の達成を念頭に置いて―期間―

01 生の声をどれだけ聴けるか
―利用者及び家族の生活に対する意向―

> **POINT**
> ケアプランの中心にあるのは利用者の"語り"です。利用者の意向が誰かの不利益になる場合や利用者が要望を言葉で表すことができない場合などの対応を理解しましょう。

「利用者及び家族の生活に対する意向」の「意向」は、利用者・家族の"語り"です。アセスメントのベースには利用者の"語り"があるという意味で、ケアプランの一番最初（第1表）に「利用者及び家族の生活に対する意向」が位置づけられています。

ケアプランの中心になるのは利用者の"語り"

利用者支援で最も大切なことは、利用者の"語り"を聴くことです。

ケアプラン第1表に、「利用者及び家族の生活に対する意向」を記載する欄がありますが、ケアマネジャーは支援を開始するにあたって、面接などを通して利用者や家族とさまざまな会話をします。会話の深まりにおいて、利用者や家族の"思い"を最もよく表していると思える"語り"を「利用者及び家族の生活に対する意向」欄に記載します。できるだけ利用者や家族の発した言葉をそのまま記載すること、利用者と家族の発言は別々に記載することが推奨されています。

ケアプラン第1表の最初に「利用者及び家族の生活に対する意向」欄が配置されている理由は、利用者の「主体性の尊重（自己決定）」という倫理原則に基づくものと考えます。アセスメントとケアプランの土台は、ケアマネジャー（支援する側）のニーズではなく、利用者、家族の意向（デマンド）です。利用者、家族の"思い（語り）"を利用者理解（アセスメント）の中心に置き、ケアマネジャー

図表3-1 利用者及び家族の生活に対する意向の留意点

- "語り"そのままに表現する
- 利用者の意向と家族の意向は別々に記載する
- 意向（デマンド）は利用者理解（アセスメント）の土台

の規範的（専門職）ニーズで精査しながら利用者の真のニーズと目標を導き出し、支援を組み立てるのが対人援助の原則です。

また、なるべく言葉そのままに、利用者と家族の意向を別々に記載することが推奨されている理由は、意向の個別化、利用者と家族の間での公正・中立という倫理原則に基づくものです。ケアマネジャーは利用者と家族の間に立って、両者の意向のバランスをとって、どちらにも不利益が及ばないような着地点を導き出して支援しなければなりません。

記載例❶

利用者及び家族の生活に対する意向
A氏：「施設の生活に早く慣れて、新しいお友達をつくりたいです。時々、娘に連れて帰ってほしいです」 B氏（長女）：「施設に入ることができて安心しています。家に定期的に一緒に帰って過ごせるようにしていきたいと思います」

「意向」が誰かの不利益になる場合

利用者の意向と家族の意向がぶつかり合う、利用者の意向が利用者自身の不利益になる、家族の意向が家族自身の不利益になるといった場合には、ケアマネジャーが専門職ニーズを踏まえて調整を行って、双方が納得できる着地点を見つけて言語化しましょう。

記載例❷

利用者及び家族の生活に対する意向
A氏：「本当は施設には入りたくはないけど仕方ない」 B氏（長女）：「やっと施設に入れてほっとしています。新しい友人をつくって楽しんでほしいと思います」

利用者及び家族の生活に対する意向
A氏：「施設で安心して生活しながら、家に帰って過ごす時間ももちたい」 B氏（長女）：「施設で安心して生活してほしいです。定期的に家族と一緒に家で過ごすことができるようにしていきたいです」

　A氏は施設入所が自己決定の結果ではないことを明確に口にしています。もしかしたら、認知症や加齢によって自分や家族の置かれている危機的状況が十分に理解できないのかもしれません。B氏は、A氏が施設に入所が決まったことによる安堵の思いを口にしています。言葉そのままに記載してしまうと、A氏、B氏がケアプランに目を通したときに、トラブルになったり、本音を垣間見ることでつらい思いをする可能性があります。

　ケアマネジャーは、双方が目を通したときに、満足とは言えなくても、ある程度譲歩しあって承知できる着地点を見出して提案しケアプランに記載することが求められます。

利用者が要望を言葉で表すことができないとき

　重度の認知症や身体の機能障害によって、意向（要望）を言葉で表すことができない利用者も多くいます。このような利用者については、周囲のスタッフ等が観察して、ケアマネジャーに情報として寄せられた利用者の"快"を表現するのも1つの方法です。

記載例❸

利用者及び家族の生活に対する意向
A氏：「ご主人と散歩しているときにはとてもいい表情がみられます」 B氏（長女）：「できるだけ父と過ごす時間がもてるようにしてあげたいと思います。家にも時々帰れるように手伝っていただきたいです」

ご主人は入所しているAさんのもとに毎日面会に来ています。昼食前にお弁当を持参して訪れ、夕方まで居室にて2人で過ごすのが日課です。レクリエーションに一緒に参加してハーモニカを披露したり、天気のいい日にはAさんを車椅子に乗せて施設周辺を散歩します。

ケアスタッフは、Aさんがご主人といるときの表情は、ケアスタッフといるときのそれとは違うと感じていました。Aさんは言葉を発することはほとんどありませんが、夫のことはしっかりと認識できており、そばにいてくれることで安心しているのではないかと推察し、Aさんの「語り」としてではなく、客観的な見立てで「ご主人といるときにはいい表情が見られる」と記載しました。

毎日通っているご主人に対しての、「Aさんはご主人のことをきちんとわかっていますよ」というメッセージでもあります。

また、同様に意向の確認がしにくい重度の認知症の人では、記憶障害があるから意向の表出はできないと最初から決め付けるのではなく、たとえ利用者の記憶に残らなくても、繰り返し確認することで、意向が見えてくることもあります。根気よく、繰り返し確認することで自己決定できる認知症の人はたくさん存在するのです。こういった繰り返しの姿勢は非常に重要であることを心に留めておきましょう。

> - 「利用者及び家族の生活に対する意向」は、利用者や家族の語りを、できるだけそのまま記載しましょう。
> - 双方の「意向」がぶつかりあう、「意向」が誰かの不利益になる場合は、ケアマネジャーが調整し、双方が納得できる着地点を見つけましょう。
> - 重度の認知症や身体機能障害によって意向を言葉で表すことができない利用者については、観察して把握した利用者の"快"を表現しましょう。

02 支援のコンパスとしての役割
―総合的な援助の方針―

> **POINT**
> 「総合的な援助の方針」は「望む暮らし」がベースになります。ケアマネジャーの"支援に対する思い"を伝えることも可能です。

利用者の望む暮らしと総合的な援助の方針

　ケアプラン第1表「総合的な援助の方針」の対象は、長期目標が達成されたその先にある、人が生きるための動機づけとなる最も高いニーズ、つまり"望む暮らし"です。
　「妻と一緒に最期までこの家で暮らしたい」といったこれからの人生そのものを大きな括りで表現することもあれば、「孫の世話をずっと続けたい」のように具体的な役割ニーズのこともあります。
　そうした"望む暮らし"に対する「総合的な援助の方針」は、生活場面ごとの支援を総合化して方針を打ち出すことが求められます。

個別ニーズの羅列はしない

　時々、「総合的な援助の方針」に、個別のニーズを羅列しているケアプランを見かけます。例えば、「病気の悪化を防ぎます」「下肢筋力の低下を防ぐためにリハビリをします」といった記載です。
　このような個別のニーズは、「総合的な援助の方針」欄に記入するのではなく、ケアプラン第2表の「解決すべき課題（ニーズ）」で明確化する内容になります。

02 支援のコンパスとしての役割

3 施設ケアマネジメント ❷ 施設ケアプラン

私たちがこれからの生活を支えるチームメンバーです

ケアマネジャーの"思い"を伝える

　ケアプランは、利用者にとってどのようなものであればよいのでしょう。例えば、自宅での生活が限界を迎えて、住み慣れたわが家に人生の証をすべて置いて施設に入所しなければならなくなったとき、ニーズ・目標・サービス内容が利用者・家族にわかりやすく整理されているとします。

　ケアプランに求められるのはそれだけでしょうか。先が見えない不安に押しつぶされそうなときに、「（ケアマネジャーとして）あなたをこのように支えます」という思いも込められていたら、利用者の心に安心の灯がともるのではないでしょうか。

　「総合的な援助の方針」は、ケアプラン上で"望む暮らし"に対して、利用者との信頼関係のもとに「ケアマネジャーとしてこのように支援します」という"思い"や"決意"を伝えることのできる唯一の場でもあるのです。

利用者が「このケアマネさんは、施設を利用する私の不安をわかってくれている」、そう感じてもらえるようなメッセージを伝えたいものです。

利用者、家族の承認の場

在宅生活（介護）が限界を迎え、施設に入所することの不安を考えたとき、利用者や家族は、「家にいられなくなった」「介護が限界を迎えて親に申し訳ない」といった喪失感に悩まされます。それは、自尊心の喪失でもあります。

このような感情が渦巻いているときに、例えば、「〇〇さんは、今までこのように頑張ってきました」という承認のメッセージを送ることができるのも、この「総合的な援助の方針」の欄です。ケアマネジャーの"思い"を伝えるのと同様に、利用者・家族の心に寄り添う態度の表明でもあります。

緊急連絡先を記載する

「総合的な援助の方針」には、家族の携帯電話番号や主治医の電話番号などの緊急連絡先を記載することが推奨されています。

特別養護老人ホーム（特養）では主治医が決まっている場合もあるので、連絡先をどのように共有しておくかによって、「総合的な援助の方針」欄に記載するのか、または別の方法を用いてケアチームで情報を共有するのか決定すればよいでしょう。

グループホーム等では、利用者によって主治医が異なる場合があります。このような場合には、主治医の連絡先も記載しておくほうがよいでしょう。主治医によっては日中と夜間の連絡先が違うことがあるので、その場合は別々に記載するようにしましょう。

なお、あらかじめ発生する可能性が高い緊急事態が想定されている場合には、対応機関やその連絡先について記載することが望ましいとされています。

記載例

総合的な援助の方針

　Aさんは、Bさんとともに、長年工場を営む傍ら、20年にわたり民生委員活動に携わり、地域福祉に貢献してこられました。地域に知り合いも多く、今でもたくさんの友人が訪ねてこられると伺っています。施設に入所されても、友人や地域との関わりを続けていけるように考えさせていただきます。

　奥様が心配されている糖尿病については、悪化しないように主治医と連携をとっていきます。

　早く施設に慣れていただけるように、新しい友人をつくり、外出や食事会を楽しんでいただけるように配慮させていただきます。

緊急連絡先
長男C氏　090-0000-0000　　長女D氏　090-0000-0000

まとめ

- 「総合的な援助の方針」には、第2表の長期目標が達成された先の"望む暮らし"とそれに対する"援助の方針"を記載しましょう。
- "利用者の望む暮らし"に対して、「(ケアマネジャーとして)このように支援します」という"思い"や"決意"をメッセージとして伝えられる場が「総合的な援助の方針」です。
- 「〇〇さんは今までこのように頑張ってきました」と承認のメッセージを送ることもできます。有効に活用しましょう。

03 生活場面ごとのニーズを明確に
―解決すべき課題（ニーズ）―

> **POINT**
> ニーズには、「利用者の語り」と「ケアマネジャーの代弁」があります。利用者の気持ちに寄り添い、具体的かつポジティブに表現しましょう。

　ケアプラン第1表の「総合的な援助の方針」を日常生活場面における個別ニーズとして"見える化"したものが第2表「生活全般の解決すべき課題（ニーズ）」です。

ニーズをポジティブに表現する

　「解決すべき課題（ニーズ）」欄には、「～したい」「～で困っている」といった表現が推奨されています。これは、ニーズ（問題状況や目標）を、利用者の"語り"で表現していることになります。

　なぜ、"語り"で表現することが推奨されているかというと、ケアプランは利用者のものであり、利用者・家族にケアプラン原案に目を通してもらい（情報開示）、サインをもらわなければならない（合意）からです。

　そのため、原因や障害、問題状況が記載されたケアプランに利用者が目を通したときにどのように感じるかを意識して書き記すことが大切です。

　自分ではどうすることもできない事実（❶原因・❷状態・❸問題）を、ニーズごとに突きつけられることが心理的にプラスになるとは考えられません。「自分では何もできなくなってしまった」というように、利用者の自尊心を低下させることにもなります。これは尊厳にかかわる問題です。そういう意味では、ニーズを"語り"に転換して表現することは、利用者の存在価値を保証することにつながるともいえます。

図表3-2 アセスメントから何を抽出するか

出典:佐藤信人著『ケアプラン作成の基本的考え方』 中央法規出版、2008年、56ページを一部改変

「利用者の語り」と「ケアマネジャーの代弁」

「〜したい」「〜で困っている」といった"語り"でニーズを表現しても、すべて利用者が言った内容とは限りません。利用者や家族はニーズだと感じていなくても、ケアマネジャーの規範的ニーズで提案する場合があるからです。

例えば、糖尿病なのに病識が欠けていて「甘いものが食べたい」と訴える利用者。ケアマネジャーが「糖尿病が悪くなったら大変です。カロリーを抑えて甘いものを少しは楽しめるか医師に聞いてみましょう」と提案し、医師から「1日に少しだけなら大丈夫」と了解を得たとします。その結果、利用者が訴える「甘いものが食べたい」を「1日に飴を3つだけ楽しみたい」に修正し、利用者に承諾を得ました。この場合、利用者は「1日に飴を3つだけ楽しみたい」と実際には言っていません。これがケアマネジャーの規範的ニーズによる代弁です。

特に、中度の認知症や身体機能障害のある利用者の「解決すべき課題(ニーズ)」には、このようなケアマネジャーによる代弁のニーズと、実際に利用者が言ったニーズが混在したり、重度の障害をもった利用者の場合には、すべてが代弁によるニーズで構成しなくてはならないケースもあります。

ケアマネジャーには、個別のニーズをどのように導き出したかを、利用者や家族、多職種に言葉で説明できる力が求められます。

利用者の気持ちに寄り添った表現

　ケアプランに、専門用語や権威的な表現がやみくもに使用されているのをよく見かけます。「解決すべき課題（ニーズ）」欄で表現すると、「下肢筋力を改善したい」「週2回は入浴して清潔を保持したい」といった表現です。高齢の利用者がこうした言葉でニーズを表現するでしょうか。「足の力をつけたい」「気持ちよくお風呂に入りたい」、実際はこのような語りではないでしょうか。

　私たちは"利用者と同じ目線"という関わりの基本姿勢は理解しているはずなのに、実践ではつながっていないことがよくみられます。専門用語を多用するのではなく、利用者にわかりやすいケアプランを意識しましょう。

ニーズを具体的に見えるようにする

　「解決すべき課題（ニーズ）」と「目標」の両方に言えることですが、表現は具体的でなければなりません。例えば、「不安で仕方がない」「体がしんどいときがある」といった"語り"は、利用者の心の中、つまり、主観的世界を表現しています。このような表現では、不安やしんどさの中身がわからないので、目標の設定（＝何を解決したらいいのか）ができません。

　例えば、「何が不安ですか?」とゆっくり紐解いていくと、「夜中にトイレに行くときに転びそうで怖い」という答えに行き着きました。このように生活場面を具体的にすることで、不安の中身と目標が見えてきます。他にも、病気の治療、障害の改善、役割づくり等のニーズについても、誰の目から見ても中身がわかるような表現をしなければなりません。

専門領域による「見立て」の違いに注意する

　ケアマネジャーの基礎資格はさまざまで、それぞれ専門領域があります。つい得意とする専門性で利用者を見立てようとしがちです。例えば、医療系のケアマネジャーなら疾患と心身機能を中心にニーズを導き出し、福祉系のケアマネジャーは役割や家族の関係性を中心にニーズを導き出すなどです。しかし、どち

らもアセスメントの視点に偏りがあり、不十分といえます。自分自身に欠けている知識と視点を継続的に学ぶ必要があります。

同時に、周囲の他の専門性をもった多職種の力を借りることも忘れてはなりません。周囲の多職種の力を借りることで、自分自身が苦手とする領域のニーズを導き出す近道となります。

ニーズの優先順位を考える

アセスメントに基づいて導き出された個別のニーズは、ケアプラン第2表に優先順位をつけて記載しなければなりません。例えば、利用者を中心に置く考え方（利用者の主体性の尊重）においては、利用者の"思い"が最優先ニーズという視点があります。家族の"思い"を尊重しなければならないケースもあれば、医療ニーズを最優先するという視点もあります。利用者の"思い"や病気、障害程度やADLの向上等、さまざまな個別ニーズを比較するなかで優先順位を決定していくようにしましょう。

まとめ

- ニーズには、利用者の"語り"をそのまま表現する場合と、ケアマネジャーの規範的ニーズで代弁する場合があります。
- 自分の専門領域から導き出されるニーズの偏りに注意しましょう。欠けている知識や視点を学び、多職種の力も借りてニーズを固めていくとよいでしょう。
- 利用者の"思い"や病気、障害程度やADLの向上等、さまざまな個別ニーズを比較して優先順位を確定しましょう。

04 誰にでもわかりやすい目標に
―長期目標・短期目標―

> **POINT**
> ケアプランに設定する目標は、利用者が達成可能な内容となっているかが大切です。誰もが客観的に評価できるかも意識しましょう。

「長期目標」は、ニーズごとにケアプランに設定した長期期間内の到達点を具体的に記載します。「短期目標」はその中間的な到達目標を具体的に記載します。

目標は「利用者の目標」であること

　ケアプランの主役は利用者であり、主体性の尊重が特徴といえます。しかし、明らかに支援する側の管理上の観点を目標としているケアプランも見受けられます。例えば、「服薬管理」「転倒予防」「週2回の入浴確保」といった表現です。

　管理的な思考は「障害」と「リスクマネジメント」に傾きます。そうなると、利用者の"思い"や"現有能力（持っている力）"の活用が意識しにくくなります。

　例えば、「服薬管理」を目標としてサービス内容をイメージすると、「援助者が薬の残数を管理しながら、利用者に手渡しして服用してもらう」となります。それを「間違えずに薬を飲むこと」を目標にすると、「できるだけ自分で確認してもらい、自分で服薬するのを見守る」といったように主体が援助者から利用者本人へと変わり、支援のイメージが変化します。

　利用者の目標とするだけで、利用者の主体性に視点が向くのです。

●目標は「ケアマネジャーの目標」ではなく「利用者の目標」

<ニーズも目標も、ケアマネジャーの規範的ニーズから導き出されている>

解決すべき課題 (ニーズ)	長期目標	短期目標
体を清潔に保ちたい	皮膚状態が改善する	週2回の入浴の確保

<ニーズも目標も利用者のもの>

解決すべき課題 (ニーズ)	長期目標	短期目標
気持ちよくお風呂に入りたい	長湯に注意しながら湯船につかって楽しむ	手伝ってもらいながら体を洗う
		見守りで浴槽をまたぐことができる

目標は「達成可能」であること

目標は達成可能であることが原則です。しかし、利用者は時に達成が不可能な要望を言葉にすることがあります。このようなときには、目標を刻んで、利用者が納得できて達成可能な着地点を見出さなければなりません。

●目標は「達成可能」であること

<「麻痺」を完全に治すことはできない。リハビリは手段であり、目標ではない>

解決すべき課題 (ニーズ)	長期目標	短期目標
居室内を安定して歩行できるようになりたい	麻痺を治す	リハビリをする

<基本動作の安定へ目標設定の視点を変えることで、達成可能な目標へ>

解決すべき課題 (ニーズ)	長期目標	短期目標
居室内を安心して歩けるようになりたい	居室内を一本杖で歩くことができる	ベッドからの立ち上がりが安定してできる

目標は誰の目から見ても評価できること

　ケアプランの作成にあたり、混乱するポイントが目標の具体性のなさにあります。

　長期目標は「利用者も努力した到達点である望む生活の姿」が求められるのに対して、短期目標は「具体的な目標であること」が求められます。具体的でなければ、達成度の評価（モニタリング）ができないからです。

　短期目標に具体性をもたせるには客観視できること、つまり、「数値化」するか「生活場面を特定する」ことが求められます。

　数値化というのは、例えば、「血圧を130/80程度に保つ」といった目標です。生活場面を特定するとは、「家屋内を安心して歩くことができる」「一人で食事ができる」「安全に入浴ができる」「友人と茶話会を楽しむ」といった目標になります。

　逆に、利用者の主観的な世界の改善を目標にしたり、生活場面が特定できない1日の生活すべてが含まれるような目標だと、ケアプランが作成できたとしても、達成度を評価することができないため、モニタリングの際などに混乱してしまいます。

　例えば、「安心して過ごすことができる」「夫婦二人でこのまま生活する」といった目標です。「安心して過ごせていますか?」とモニタリングしても、人は不安なときもあれば穏やかなときもあります。また「夫婦二人でこのまま生活する」というのは、「望む暮らし」に近いものがあり、個別の生活ニーズであるケアプラン第2表の「解決すべき課題（ニーズ）」がすべて達成された先の、さらに高みにあるニーズです。ケアプラン第2表の目標として掲げるのではなく、第1表の「利用者及び家族の生活に対する意向」および「総合的な援助の方針」に記載しましょう。

●目標は誰の目から見ても評価できること

＜目標の内容が、利用者の主観的世界であり、かつ、生活場面の特定ができない（24時間の生活がすべて含まれる）ので客観的な評価軸がない＞

解決すべき課題 （ニーズ）	長期目標	短期目標
不安なく過ごしたい	安心して生活できる	不安が解消する

＜生活場面が特定され、「できているか、できないか」の客観的な評価が可能＞

解決すべき課題 （ニーズ）	長期目標	短期目標
一人で不安なときには誰かと一緒にいたい	不安なときにはリビングで誰かと一緒に過ごす	不安なときにはリビングで利用者のBさんと一緒に過ごす
		不安なときにはお茶に誘ってもらい、おしゃべりを楽しむ

> **まとめ**
> - ケアプランは、利用者とケアマネジャーが一体となって作成する、利用者が主体的に取り組む自立に向けたプランです。
> - 設定する目標は、利用者が納得した、達成可能なものであることが原則です。
> - 長期目標は「利用者も努力した到達点である望む生活の姿」であり、短期目標は「具体的な目標であること」が求められます。

05 手立ては"誰が、どこで、何を、どのように"
―サービス内容―

> **POINT**
> サービス内容は、利用者・家族にわかりやすく記しましょう。「誰が・どこで・何を・どのように」が利用者・家族に伝わるよう意識しましょう。

「サービス内容」は利用者・家族にわかりやすく

「サービス内容はどこまで書けばいいのですか?」という質問をたびたび耳にします。明らかに専門職同士の申し送りを意識して、専門用語を使用して簡潔に記載しているケアプランが多いのも事実です。

しかし、それでは肝心の利用者・家族にとって、具体的に何をしてくれるのかがわかりません。ケアプラン第2表「サービス内容」の位置づけは、支援の手立て(具体策)を利用者・家族に具体的にわかるようにしなければなりません。

文章表現や量は利用者によって違う

「サービス内容」は、詳しく書かなければわからない利用者もいれば、簡潔に書いても十分に理解できる利用者もいます。

また、医療ニーズ中心の状態像の利用者であれば、命を守ることが最優先されるので、医療にかかる専門用語を多用しなければならないこともあります。

こうした場合には、専門用語の意味も含めてしっかりと説明するようにしましょう。文章の表現や量をケアプランの良し悪しの評価軸として考える必要はありません。利用者や家族の状態像に合わせて、表現も量も変化します。利用者の自己決定(主体性の尊重)という倫理原則に沿った考え方といえます。

具体性に乏しいサービス内容の例❶

解決すべき課題 （ニーズ）	長期目標	短期目標	サービス内容
体を清潔に保ちたい	皮膚状態が改善する	週2回の入浴の確保	バイタルチェック 入浴介助

「バイタルチェック」って何をチェックするの？
介助して入浴してもらえるのはわかるけれどどんなお風呂にどう入れるのかなぁ……

具体性に乏しいサービス内容の例❷

解決すべき課題 （ニーズ）	長期目標	短期目標	サービス内容
足の力をつけて転倒しないようにしたい	転倒しないで歩くことができる	足の力がつく	下肢筋力改善リハビリテーション

リハビリをしてくれることはわかるけれど、具体的にどこでどんなリハビリをしてくれるのかなぁ……

「サービス内容」は「誰が・どこで・何を・どのように」を明確に

　ケアプランは、利用者・家族とともに作成するケアのエビデンス（根拠）といえます。サービス内容は「量」ではなく、「誰が・どこで・何を・どのように」するのかが、利用者・家族に明確にわかるように記されていることが大切です。
　「バイタルチェック」「入浴介助」「下肢筋力改善リハビリテーション」といった表現は、「サービス内容」ではなく「サービスメニュー」です。このようなケアプランは「お品書きプラン」といえるのではないでしょうか。例えば、居酒屋や食堂の壁に並んでいるメニュー札と同じで、過去の経験値から、「だいたいこのようなものが来るだろう」と想像できても明確に内容はわかりません。想像と違うものが来ると驚いたり、しまった……と思ったりします。それに対し、ファミリーレストランのメニューは写真入りで、実際にどういったものかが一目でわかります。また丁寧にカロリー数、グラム数の表示があったりして、そのときの自分のニーズに合うものかどうかということの検討もできる内容になっています。

利用者に何をしてもらうのか（セルフケア＝現有能力を活かす）、そのときにどのようなことに注意しなければならないか（リスク）、どのような専門職が何をどのように支援してくれるのか（支援内容とプロセス）が具体的にわかってこそ「サービス内容」なのです。

記載例❶

解決すべき課題 （ニーズ）	長期目標	短期目標	サービス内容	サービス種別
ゆっくりとお風呂につかりたい。	お風呂を楽しむことができる	病気や事故に気をつけながら入浴する	できるだけ、自分で更衣し、体を洗いましょう。 浴室内では転倒に気をつけましょう。 できるだけお湯につかってもらいます。 入浴前には血圧と脈拍の測定をします。血圧の上が160以上のときにはシャワー浴に変更します。 2週間に一度体重の測定をします。 むくみや皮膚の状態の確認をします。 入浴中の動悸、息切れ、長湯に注意します。 お風呂上りにはお茶を飲んでもらいます。	A氏 ケアワーカー 看護師 ケアワーカー

05 手立ては"誰が、どこで、何を、どのように"

記載例❷

解決すべき課題（ニーズ）	長期目標	短期目標	サービス内容	サービス種別
友人と仲良く食事を楽しみたい。	仲良く食事が楽しめる	健康に気をつけながら食事を楽しむ	なるべく自分で食べることができるように見守り、声かけします。おしゃべりを楽しめるよう席に配慮します。	ケアワーカー
			塩分は1日5g。カロリーは1500カロリーで提供します。食事時には水分をしっかり摂っていただきます。	管理栄養士 ケアワーカー
			定期的に仲のよい友人と外食を楽しんでいただきます。外食企画前にはご家族にもお声かけします。	ケアワーカー

> **まとめ**
> - ケアプラン第2表「サービス内容」の位置づけは、支援の手立てを利用者・家族に具体的に見えるようにすることです。
> - 「サービス内容」は、詳しく書かなければわからない利用者もいれば、簡潔に書いても十分に理解できる利用者もいます。文章の表現や量をケアプランの良し悪しの評価軸として考える必要はありません。
> - サービス内容は、「誰が・どこで・何を・どのように」するのか、利用者・家族に明確にわかるように記されていることが大切です。

06 利用者(自助)、家族・地域(互助)、多職種(共助・公助)の活用
―担当者・頻度―

> **POINT**
> サービスの評価軸は"利用者の利益"を中心とします。「サービス内容」に利用者・家族を位置づけることも意識しましょう。

サービスの評価軸は「利用者の利益」

　ケアマネジャーは"利用者の最大福祉、最大利益"を評価軸の中心に置かなければなりません。利用者自身や家族の不利益になるのであれば、利用者の自己決定を尊重するわけにはいきません。

　例えば、加齢により歩くのが困難になってきた女性が、「大変だから車椅子を押してちょうだい」と言いました。満足度を評価軸にするなら、車椅子介助を請け負えばよいですが、利用者利益を評価軸にするなら、(満足度は落ちても)「頑張って自分で(車椅子をこいで)行きましょう」ということになります。

利用者、家族を位置づける

　利用者利益を評価軸とした場合、ケアプランの「サービス内容」に自助と互助を可能な限り位置づけなければなりません。当然、利用者や家族も登場することになります。サービス内容に利用者や家族が位置づけられていないとしたら、現有能力を活かす視点に欠け、利用者の満足度やリスク管理に傾斜してしまっている可能性があります。ニーズと目標の設定が終わったら、次はサービス内容の組み立てです。この段階で、利用者の現有機能・現有能力を活かしてもらうためにできるところを探して位置づけていかなければなりません。その視点があって、初めて「自立支援型ケアプラン」といえるのです。

06 利用者（自助）、家族・地域（互助）、多職種（共助・公助）の活用

3 施設ケアマネジメント❷施設ケアプラン

満足度（全部お手伝いします）

利用者利益の観点で
とらえるとどうでしょう……

利用者の利益（一緒にしましょう）

利用者満足度の観点も
意識しましょう……

- ケアマネジャーは"利用者の最大福祉、最大利益"を評価軸の中心に置かなければなりません。利用者利益を評価軸にすると「できるところは自分でしましょう」という視点につながります。
- 利用者利益を評価軸とすると、「サービス内容」に自助と互助（利用者や家族等）が位置づけられることになります。

まとめ

07 目標の達成を念頭に置いて
―期間―

> **POINT**
> ケアプランに記載する期間は、認定有効期間を踏まえつつ、達成が可能かどうかという観点で設定しましょう。

認定有効期間を考慮する

　期間は、認定有効期間を考慮するものとされています。認定有効期間は、新規の場合には原則6か月（3か月から12か月の範囲で拡大可能）、更新の場合は、原則12か月（3か月から36か月の範囲で拡大可能。介護予防から要介護への区分変更の場合、原則6か月（12か月の範囲まで拡大可能））とされています。

　ケアプラン第2表の一番右側に記載する「期間」は、「短期目標」の期間に合わせるのが一般的ですが、至急対応しなければならないようなサービス内容では、個別に短く設定されることがあります。

目標の達成を意識する

　目標の期間は、利用者が確実に目標を達成できると考えられる期間で設定しなければなりません。しかし、新たな疾患で入院したり、健康状態が大きく変化したり、退院後は実際に施設で生活しないと具体的な生活機能が把握しにくい状態にある場合等には、長期目標を3か月や6か月といった短めの期間設定にして、ニーズの変化や目標の達成度、利用者の状態にサービスが適合しているか等の様子を見て、早めに修正を図ることがあります。

　また、生活期で健康状態や生活機能に大きな変化が想定されない場合には、長期目標を1年といった長めの期間設定をすることもあります。

07 目標の達成を念頭に置いて

3 施設ケアマネジメント❷ 施設ケアプラン

・長期目標（例：娘一家と旅行に行く）
・短期目標（例：近所のスーパーに買い物に行く）

期間内に目標を達成できるケアプランを！

まとめ
・期間は、認定有効期間を考慮するものとされています。新規か更新かということにも留意して、期間の長短を考えましょう。
・利用者が確実に目標を達成できると考えられる期間を設定しましょう。

施設ケアマネジメント❸
サービス担当者会議

4

CONTENTS

01 サービス担当者会議の意義

02 サービス担当者会議の目的

03 サービス担当者会議の機能

04 サービス担当者会議におけるチームづくり

05 情報共有型と問題解決型

01 サービス担当者会議の意義

> **POINT**
> サービス担当者会議では、利用者の"生きることの全体像"の理解に努めましょう。そこから、利用者の"存在価値"が見えてきます。

利用者の"生きることの全体像"を理解する

　施設の利用者はその人となりが見えにくく、スタッフは十把一絡げに見てしまう傾向にあります。それは同時に、利用者の病気や障害の情報を中心に拾い上げていく思考につながります。つまりリスクマネジメントの視点です。

　しかし、健康状態や障害の情報をいくら集めても、「利用者がどう生きてきたのか」はわからず、利用者を個別化することはできません。建物等のハード面は共通しており同じ時間の流れで生活するため、施設では個別化が難しいといわれますが、実はサービス担当者会議がリスクを把握する場になってはいないでしょうか。

　利用者の自立支援のために最も大切な視点は、病気や障害を把握することではなく、"生きることの全体像"を共有することです。サービス担当者会議はそのための場でなければなりません。

"生きることの全体像"から利用者の"存在価値"が見える

　施設利用者は、家族の仕事が忙しい、家族が遠方に住んでいるなど、いろいろな事情が重なった結果の入所であることも多く、場合によっては、入所後のサービス担当者会議への家族の出席が難しいという声をよく耳にします。家族の仕事が休みの日や帰省の時期に合わせて開催する工夫をしているケアマネジャーも多いようです。

たとえ家族とコミュニケーションが十分にとれなくても、利用者が自分自身の思いを伝えることができなくても、どのような人でどのような人生を歩んできたのか、可能な限り多職種で共有する"態度（専門的価値）"は心に留めておきたいものです。情報量が限られていても、人となりを知ることで、共感できる部分が必ずあり、"利用者の存在価値"が見えてくるのです。

利用者の"生きることの全体像"

利用者の"存在価値"

> **まとめ**
> ・サービス担当者会議で大切な視点は、利用者の病気や障害の把握ではなく、"生きることの全体像"を共有する場であることです。
> ・情報量が限られていても、利用者の人となりを知り、共感することで"存在価値"が見えてきます。

02 サービス担当者会議の目的

> **POINT**
> サービス担当者会議の目的は、「総合的な援助の方針」と個別ニーズ、目標、手立ての共有です。利用者・家族とケアチームが信頼関係を構築する場でもあります。

「総合的な援助の方針」の共有

　サービス担当者会議では、「総合的な援助の方針」が検討の中心になります。「総合的な援助の方針」は、"利用者の望む暮らし"を明確にしたうえで、達成するための方針を総合的に示すものです。支援の中心は"利用者の望む暮らし"であり利用者の自己決定であること、その自己決定を支えるための支援の全体像を示したものでなければなりません。

個別ニーズの明確化と目標、手立ての共有

　「総合的な援助の方針」を示した後には、健康（疾患）や生活場面、リスクなどの個別ニーズの共有が求められます。大きな括りである「望む暮らし」に対して、個別のニーズを細かく切り分けて、利用者の望む暮らしを達成するための支援の全体像が生活場面ごとに見えるようにしなければなりません。そして、利用者・家族も含めて、「いつ・誰が・どこで・何を・どのように」するのかを共有します。これがニーズを達成するためのチームとしての役割分担です。

図表4-1 望む暮らしと総合的な援助の方針の例

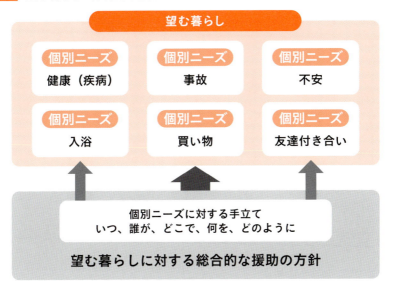

利用者とチームの信頼関係づくりを意識する

　サービス担当者会議は、利用者・家族と多職種が一堂に会して顔を合わせる場です。特に初回の会議では、利用者・家族は「どんな人たちが介護してくれるのだろう?」「信頼できるのだろうか?」「(施設という) 環境になじめるだろうか?」等、さまざまな不安や疑問に駆られているものです。そのような気持ちを払拭するには、実際に顔を合わせて話すことがとても重要な機会になります。

　チームメンバー全員の自己紹介をはじめ、必ず全員が発言できる場づくりを心がけながら、利用者の思いに耳を傾けて、1つひとつ不安に答えたり、支援内容の説明を行います。また、席の順序や位置関係の配慮、花や小物など、部屋の雰囲気づくりも大切です。サービス担当者会議は、利用者・家族と多職種が落ち着く環境のもとで会話を深めながら信頼関係を構築する場といえます。

まとめ

- サービス担当者会議は、利用者の望む暮らしと総合的な援助の方針を参加者が共有する場です。
- サービス担当者会議では、総合的な援助の方針を基礎に日常生活場面ごとの個別ニーズを共有しましょう。
- 利用者とチームとの信頼関係の構築も、サービス担当者会議の大切な目的です。

顔の見えない不安

COLUMN 4

　皆さんに思い出していただきたいシーンがあります。それは研修会場に到着し、見ず知らずの人と席をともにした瞬間です。意味もなく下を向いたり、手元の資料や名簿に目を通したり、スマートフォンを見たりしながら研修開始までの所在ない時間をつぶしています。それぞれが緊張感と居心地の悪さに包まれています。

　なぜ緊張するのでしょう？　それは周囲に座っている人との心の距離が無限大だからです。見ず知らずだから当たり前ですが、こういうときに人は、周囲の人をチラ見しながら「この人、どんな人なんだろう……」などと想像します。パッと見で「年齢は同じぐらいかなー」などと思ったり、名簿で所属や職位を確認して「自分と同じような地域だ」と思ったり……。自己紹介が終わり、グループワークすると休憩時間にも他愛もないおしゃべりが弾みます。半日もすると朝一番の緊張感はどこへやら。日常では言えない話をカミングアウトしたりする人もいます。

　人は会話を通じて相手の日常や、ものの考え方などを垣間見ます。そしてそういった情報から「あ、この人も同じだ……」そう感じることで親しみを覚えます。つまり、自分と周囲の人との共通の部分を見出そうとしているのです。共通の部分が見つかれば「親しみ」が湧きます。そして、その親しみが「安心感」につながります。

　サービス担当者会議に初めて出席した利用者も、皆さんが研修会に参加した朝と同じような緊張感にさらされます。「顔の見えない不安」です。その不安を安心感に変えるのがケアマネジャーの役割です。その安心は次第に「信頼」へと形を変えていきます。人は、「この人なら……」という信頼を感じる人に悩みを打ち明けます。利用者も信頼なくして困りごとをカミングアウトしてくれません。サービス担当者会議は、利用者に多職種それぞれの顔を見てもらうことで安心感を育み信頼関係を築く場でもあるのです。

03 サービス担当者会議の機能

> **POINT**
> サービス担当者会議は、利用者が前向きになれるだけでなく、参加する多職種が情報・ニーズ（課題）・目標等を共有できる場です。

ケアマネジメントの主役を確認する

　サービス担当者会議は、ケアマネジメントプロセスにおいて利用者・家族と多職種、つまり、チームが一堂に会する場です。利用者・家族に「このチームであなた方を支えます」というメッセージを送る場であり、多職種にこの利用者がチームにおける主役であることを共通理解してもらう場です。

　つまり、利用者が何を大切にして、どのように生きてきて、家族にとってどのような存在であるのかといった、利用者の存在価値を共有する場なのです。

利用者理解が深まる

　利用者・家族から直接その思いを聴かせてもらうことは、アセスメントシートを見て情報収集することとは別の意味があります。その"思い"が表情や言葉の抑揚に現れたり、文字よりもさらに詳細に感じ取ることができるからです。

　アセスメントシートを熟読するだけでは、利用者・家族の"思い"を十分に把握することは難しいでしょうし、直接顔を合わせて話をしなければ信頼関係を構築することもできません。利用者・家族と直接顔を合わせることのできるサービス担当者会議は、利用者理解を深めるための重要な機能があるのです。

03 サービス担当者会議の機能

4 施設ケアマネジメント❸ サービス担当者会議

利用者が生きていることそのものの価値＝"存在価値"の共通理解

アセスメントシートでは感情や不安はわからない……
サービス担当者会議だからこそわかることもある

見えない不安……

情報・ニーズ（課題）・目標等を共有できる

　サービス担当者会議は、ケアマネジャーから多職種に事前に配布されたアセスメントシートと、利用者・家族にも目を通してもらったケアプランをベースに、ニーズ（課題）や目標の共有をする場です。

　利用者・家族は、ケアプランを見てもその内容を十分に理解できているとは限りません。特に初回のサービス担当者会議は、情報やニーズ（課題）、目標の共有の場として重要です。またケアプランの最終確認の場でもあるので、今後の支援方針が確定し、それを利用者・家族と多職種が共有することで今後の連携をスムーズに進めていくスタートの場でもあります。

利用者が前向きになれる

　利用者・家族と多職種が直接顔を合わせることで、「この男性がケアワーカーのリーダーなんだ……。この女性が担当看護師で、この女性が管理栄養士なんだ……」と、ケアプランの内容だけではイメージしにくいケアチームのメンバー個々の人物像がわかるようになります。それは同時に、「この人が責任をもってこの部分を支援してくれる」という役割の理解にもつながります。支援してくれる人や支援の内容が見えてくると、利用者・家族は安心できるようになり、施設の利用に少しずつ前向きになれます。

サービス担当者会議はすべての会議体の中心

　施設には、生活支援関連会議、リスク関連会議、参加交流関連会議、各部門会議、研修委員会等、さまざまな会議体があります。このような会議体は、利用者の権利を守り、要望を叶え、ニーズを達成するためのものです。

　このような会議等で扱われる課題は、施設利用者全体の課題であり、個々の課題を集めた結果として導き出された普遍的な課題です。そのもとになるのが利用者個々のニーズであり、その個別ニーズをすくい上げる場としてサービス担当者会議があります。その意味で、"すべての会議体の中心にあるのがサービス担当

図表4-2 さまざまな会議の中心に位置づけられるサービス担当者会議

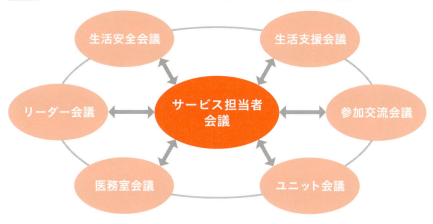

者会議"であり、その重要性を認識・共有しておく必要があります。

- サービス担当者会議は、利用者が何を大切にし、どのように生きてきて、家族にとってどのような存在であるのかという、利用者の存在価値を共有する場です。
- 利用者・家族と直接顔を合わせることで、ケアプランではイメージしにくい多職種の人物像がわかると同時に、役割の理解にもつながります。
- 施設利用者の普遍的課題のもとになる利用者ニーズを明確にする役割がサービス担当者会議にはあります。

04 サービス担当者会議におけるチームづくり

> **POINT**
> 職種ごとの専門性を活かせるよう留意しましょう。利用者のサポーター、多職種のファシリテーターとしての役割がケアマネジャーには期待されます。

利用者・家族の権利を擁護する

　施設は重度の心身機能障害のある利用者が多く、在宅のように家族とケアチームが頻繁に顔を合わせる機会もありません。また、在宅のサービスとは異なり、外部の目に触れることが少ない実態にあります。

　こうした利用者の状態像や施設の環境において、どうしても施設職員は利用者の要望よりも規範的ニーズに視点が向いてしまう傾向にあります。それは利用者の"語り"を無視して、施設職員本位のケアで利用者の人権を奪う結果につながりかねません。ケアマネジャーは、利用者の代弁者となって権利を擁護することが求められます。

ニーズの相違を理解する

　例えば、利用者は以前のように自分のことは自分でできると思っていますが、家族は無理せず安全に暮らしてほしいと思っているとします。一方、ケアチームは病気の悪化予防を最優先に考えています。

　それぞれの目標は「利用者の自立」というゴールに向かっていますが、そのために歩もうとする道は微妙に異なっています。ほんの少しのニーズの相違が、"それぞれの思い"を押しつぶすことがあり、エスカレートすると権利侵害につ

ながる可能性もあります。
　ケアマネジャーはお互いのニーズの相違を理解しあえるよう、利用者・家族と多職種を導き、ニーズの着地点を見出さなければなりません。

バランスが大事!

利用者の要望　　規範的ニーズ

個別性を共有することがチーム力を増す

　施設の多職種は、利用者の生きてきた家や地域を実際に見ることはほとんどありません。ケアマネジャーは利用者・家族の個別性をしっかり伝えて、多職種が利用者の存在価値を共通理解できるようにしなければなりません。

　利用者の生活史を家族から聴かせていただいたり、暮らしてきた家や地域を実際に見せてもらうことで、個別性のあるニーズが導き出されます。個別性を共有することがチーム力を増していきます。

利用者のサポーター、多職種のファシリテーターになる

　たとえ利用者が障害によって言葉で表すことが難しくても、家族がほとんど施設に来ることができなくても、ケアマネジメントの主役は利用者です。ケアマネジャーやケアチームを構成する多職種はあくまでも伴走者であることを忘れてはなりません。

　施設ケアマネジャーは、利用者と密接にコミュニケーションをとることで、心理的なサポートをしたり、自分で直接確認することでケアワーカー等に具体的な提案を行うファシリテーターとしての役割が求められます。

ポジションによる専門性を活かす

　ケアマネジャーと多職種の違いは支援のポジションにあります。ケアマネジャーは利用者の健康面や身体面等、生活等の全体像を把握します。看護師は健康面、ケアワーカーは生活面といったように、狭い範囲で深くかかわるポジションなので、目指す方向は異なっています。

　その専門性と立ち位置において、各職種がケアマネジャーよりも深く利用者の状態を把握していることもあります。サービス担当者会議では、このようなポジションによる専門性を上手に活かして進行していくことが求められます。

利用者・家族に共通した要望等に関する情報提供

　サービス担当者会議で利用者・家族から聞き取った要望や質問について整理すると、利用者個々の個別性のある要望だと思っていたものが、施設利用者の多くに共通する要望であることに気づいたりします。

　例えば、「病気の治療の対応」「家族との交流」「退所」「看取り」などは、施設を利用する際に、利用者・家族が最も気になる「普遍的ニーズ」といえます。

　ケアマネジャーは施設を利用していただくにあたり、こうした普遍的ニーズを整理して、事前に資料としてまとめる等、利用者・家族に情報提供できるようにしておきたいものです。

> 治療や入院時の対応は？
> 家族はいつでも会えるの？
> 時々家に連れて帰りたいんだけど……
> 退所してくれって言われたりしないかな……
> 看取りのときはどうなるのかしら……

まとめ

- 施設の多職種は、施設という環境で規範的なニーズに視点が傾きがちです。ケアマネジャーはそれを防ぐとともに、利用者の権利擁護が求められます。
- ケアマネジャーには、利用者の心理的サポートと多職種に具体的な提案を行うファシリテーターとしての役割が求められます。
- 施設利用者に共通する「普遍的なニーズ」をまとめて情報提供できるよう整理しておきましょう。

05 情報共有型と問題解決型

> **POINT**
> 会議には「情報共有型」と「問題解決型」があります。その都度、どちらのタイプとするかを意識して、準備も含めて開催しましょう。

情報共有型

　情報共有型のサービス担当者会議では、利用者・家族、多職種の全員が参加対象となります。ケアマネジャーはそれぞれのニーズを調整して、ケアプランをベースに「情報共有」「信頼関係の構築」を目的とします。前述した01～04は、情報共有型サービス担当者会議の内容になります。

問題解決型

　問題解決型のサービス担当者会議は、問題となる状況が発生したときに、その問題に焦点化した形で開催します。例えば、❶利用者・家族が参加することで問題の核心に迫ることができない、❷問題を知ることで利用者・家族の心理面での負担が大きい、❸利用者と家族、家族同士の関係性で不利益が及ぶ、❹利用者・家族と信頼関係が損なわれる可能性がある場合等には、利用者・家族の一方、または双方が参加しないで開催することがあります。
　当事者不在で開催することで、「自己決定（主体性の尊重）」や「積極的な情報開示」といった倫理原則に反するという倫理的ジレンマが発生しますが、利用者・家族の「命を守る」「利用者利益を最大限尊重する」という倫理原則を優先するという解釈のもとに開催します。

情報共有型は、支援の方向性の共有と信頼関係構築の場!

問題解決型は、利用者の命を守る、利益を優先する場!

- 情報共有型会議は、利用者・家族、多職種の全員が参加対象です。「情報共有」「信頼関係の構築」を目的とします。
- 問題解決型会議は、問題に焦点化した形です。利用者・家族の一方または双方が参加せず、「命を守る」「利用者利益を最大限尊重する」を目的とします。

施設ケアマネジメント❹
モニタリング・終結

5

CONTENTS
01 チームにおけるモニタリングとは
02 モニタリングの確認ポイントと方法
03 モニタリング記録

01 チームにおけるモニタリングとは

> **POINT**
> ケアマネジメントの実効性を評価するモニタリング。その機能や施設におけるメリット・デメリットについて、確認しておくようにしましょう。

モニタリングとは

　モニタリングは、ケアプランに位置づけたサービスが、利用者のニーズを満たして自立に向かっているか、利用者自身や取り巻く環境の変化により新たなニーズが出てきていないか等を確認する過程です。アセスメントと同様、改善（の可能性）と悪化（の可能性）の2つを意識します。

　ケアプランに位置づけられたニーズと目標達成度の定期的な評価が一般的ですが、日々繰り返されるケアの経過記録も広い意味ではモニタリングです。モニタリングを繰り返すことで、利用者のニーズや目標がよく見えるようになります。

モニタリングの視点

❶施設ケアにおけるモニタリングのメリット、デメリット

　施設は在宅と異なり、居住型で24時間連続したサービス提供が可能であるというメリットがあります。常にスタッフが身近にいるため、特に医療ニーズの継続的なデータ収集や事故の発生頻度等のリスクに関するモニタリングも可能です。

　その反面、利用者を取り巻く人的・物理的環境が同じため、利用者の個別化ができていないと、どの利用者に対しても同じようなサービスを提供することになってしまいます。そうなると利用者の個別ニーズとサービスのズレに気づかず、モニタリングの視点を見失ってしまうデメリットがあります。

❷利用者満足度と利用者利益

　モニタリングの評価軸の1つに、サービスに対して利用者・家族がどの程度満足しているかという「利用者満足度」があります。また、「利用者利益」という評価軸もあります。この2つの評価軸は何が違うのでしょう。

　例えば、ある評判のラーメン屋では残ったラーメンのスープにご飯を入れて食べるのが定番です。お客さんの「満足度」も高く、店主の価値観では丹精込めた自慢のスープも残さず食べてもらうことが最高のおもてなしです。しかし、健康面から見ると明らかにカロリー・塩分超過です。もし、このラーメン屋に「利用者利益」という評価軸を入れるとどうでしょうか。「スープを残さないと塩分の摂りすぎになるよ」「太るから無理にご飯は食べなくていいよ」と店主は言うようになるでしょう。「スープも残さず平らげたいのに……」とお客さんは思うことになります。健康のためにはよいですが、明らかに「利用者満足度」は低下します。

　もちろん、対人援助の現場でも「利用者満足度」は重要です。利用者に喜んでもらえるサービスでないと質の向上は見込めないからです。しかし、さらに大切なのが「利用者利益」なのです。

利用者　しんどいから食べさせてください。
ワーカー　少しでも自分で食べましょう。そのほうがご飯が美味しいですよ。
　　　　くたびれて腕が上がらなくなったらお手伝いさせていただきます。
利用者　いけずな人やなぁ。お金払って入っているのに……。

　利用者は、食べさせてもらうことが廃用症候群につながり、心身機能が低下して寝たきりになってしまう可能性があることに気づいてはいません。このような場合は、たとえ利用者の満足度が落ちても、ワーカーはその結果を予測し、利用者の利益になるようにアプローチしなければならないのです。

❸改善と悪化

　モニタリングというと、病気の悪化や転倒事故といったリスクマネジメントに視点が向きがちですが、「利用者の状態改善の視点」も忘れてはなりません。
　例えば、歩行が安定してくれば、歩行器から見守り1本杖に移行できる可能性が出てきます。立位が安定してきたら、テーブル拭き等の役割を果たすことができるようになるかもしれません。
　改善の視点を意識していないと、「支援を要する活動」が「(今現在はしていないけれど、しようと思えば) できる活動」に改善していることに気がつかず「(日常的に) している活動」に移行するチャンスを見逃す可能性があります。リスクマネジメントのモニタリングも重要ですが、それと同様に、改善に関するモニタリング視点が求められます。

まとめ

- モニタリングは、ケアプランに位置づけた社会資源によって、利用者の生活が自立に向かっているか、新たな問題が出てきていないか等を確認する過程のことです。
- モニタリングの評価軸は「利用者満足度」と「利用者利益」の2つ。状態の「悪化」だけでなく「改善」の視点も意識しましょう。

COLUMN 5 日々是モニタリング

施設ケアマネジメント ❹ モニタリング・終結

　モニタリングとは、一般的には「観察し、記録する」ことです。企業ではモニターをランダムに選び、開発した商品を使用したり、食べたりした結果を評価してもらい、その評価結果をさらなる商品開発に活かします。ショッピングモールでは入り口等に「お客様意見箱」を設置し、得られた意見とそれに対する回答を定期的に張り出して開示したりします。

　介護保険制度下のケアマネジメントでも定期的にモニタリングすることが求められていますが、定期的なモニタリングで明らかになるのは目標やプロセスに対する効果測定が主です。

　しかし、人は心をもっていて画一化された商品ではありません。心は日々どころか、その瞬間、瞬間に変化します。モニタリングした次の瞬間には、その結果は過去のものになってしまいます。同様に支え手であるケアマネジャーも人であり、心があります。その心と心が共鳴し合うので、同じ利用者の同じ瞬間を切り取ってモニタリングしても同じ結果が導き出されるとは限りません。そこが人の評価の難しいところです。

　人が人を評価するなんて、神様でもないのに、とてもじゃないけど不可能な気がします。経過記録に目を通し、「今日は特に大きな変化のある利用者はいないな」と思いつつも、居室やリビングをラウンドすると、利用者と会話することで新たにわかることがあったりして、「ラウンドしてよかった」と思うこともしばしばです。人のモニタリングは、毎日の継続しかないのです。

02 モニタリングの確認ポイントと方法

> **POINT**
> 利用者・家族の"思い"に変化がないか、支援内容が目標達成に向かっているか、サービスがケアプラン通りに提供されているかなどをしっかり押さえておきましょう。

モニタリングで確認するポイント

モニタリングには確認すべきいくつかのポイントがあります。

利用者・家族の"思い"に変化はないか

1つ目は、「利用者・家族の"思い"に変化がないか」の確認です。人の思いや感情は移ろうものです。実際にサービスを利用してみないとわからないことも多々あります。サービスを利用することによって、新たな人との出会いがあったり、在宅と別の環境で生活することによって、"思い"が変化する可能性を秘めています。

個別の生活場面ごとの支援内容が目標達成に向かっているか

2つ目は、「個別の生活場面ごとの支援内容が目標達成に向かっているか」の確認です。健康面や心身面、環境面のほんの少しの変化に伴って、ニーズと目標も変化します。具体的な生活場面がどう変化したのかを把握しなければなりません。

サービスがケアプラン通りに提供されているか

3つ目は、「サービスがケアプラン通りに提供されているか」の確認です。施設のスタッフは皆非常に多忙なうえ、ケアプランに沿ったケアを行うといった意識が低く、なおざりになっているというケアマネジャーの声があります。ニーズが達成できない原因が、ケアプランに沿ったサービス提供ができていないことにあるとしたら本末転倒です。

02 モニタリングの確認ポイントと方法

利用者、家族の"思い"に変化がないか?
個別の生活場面ごとのニーズの目標が達成に向かっているか?
サービスがケアプラン通りに提供されているか? が大事なの!

目標が数値で表されているか、もしくは生活場面が特定されているか、「誰が、どこで、何を、どのように」が具体的に記載されていないサービス内容では適切なモニタリングができないことを改めて理解しましょう。

モニタリングの機会

　運営基準等において、居宅ケアマネジャーは月1回、モニタリングのために利用者の居宅を訪問し、記録することが求められています。
　一方で、施設ケアマネジャーは、明確にモニタリングの期間が定められているわけではありません。しかし、在宅と同様に施設においてもルールを定めて定期的にモニタリングすることが求められます。

モニタリングの方法

モニタリングはケアスタッフが担う

　施設のケアマネジャーは、最大100ケースをケアマネジメントしなければなりません。居宅サービスとは異なり、施設は利用者が身近にいますが、ケアマネジャー1人で利用者100名のモニタリングをして、記録に残すことは非常に大変です。そこで施設では、ケアスタッフにモニタリングを担ってもらいます。

モニタリングシートを活用した情報の共有

例えば、特養等の大規模な施設であれば、利用者を担当制にして、「支援経過記録」に「モニタリング」という表題をつけて担当ケアワーカーが個々に記載する等します。また地域密着型サービスのグループホームのような小規模施設であれば、施設内で「モニタリングシート」を作成し、そのシートに担当ケアスタッフが記載したものをケアマネジャーが確認・整理するといった方法があります。

セルフモニタリングや家族による代筆

利用者自身によるセルフモニタリングも忘れてはなりません。施設の利用者は、重度の障害状態にありニーズを自分自身の言葉で表すことが難しい人も多いため、家族に代弁してもらう必要もあります。しかし、仕事で忙しかったり、遠方に住んでいたりして、なかなか会って話をする機会をもてない家族が多いという問題があります。

心に留めておきたいのは、自分自身で意向を伝えることができない、家族にもなかなか会えないといった利用者については、ケアマネジャーが利用者の最大利益・最大福祉を考え、その代弁者になってモニタリングすることです。

> ・モニタリングにおいて確認すべきポイントは、「利用者・家族の"思い"に変化がないか」「個別の生活場面の支援内容がと目標達成に向かっているか」「サービスがケアプラン通りに提供されているか、目標達成に向かっているか」の3点です。
> ・施設でも、在宅と同様にルールを定めた、定期的なモニタリングが求められます。
> ・モニタリングの方法は、❶利用者ごとに担当制にする、❷支援経過記録に「モニタリング」という表題をつけて記載する、❸「モニタリングシート」を作成して記載する等があります。

\まとめ/

COLUMN 5 認知症の人のモニタリング

「あー、あんた来たんかー。久しぶりやなー」Aさん（85歳・女性）、アルツハイマー型認知症です。ケアマネジャーの顔をみると、毎日こう言って笑顔で迎えてくれます。Aさんはとても活動的で、教師を退職した後はボランティア活動に熱心な方でした。入所してから1年が経過しましたが、日中はじっとしていることができず、ユニットを行ったり来たり、事務所に入ってきては職員とおしゃべりしたり……。でも、お願いしたことは快くしてくれます。公立病院の図書室整理のボランティアに当時の仲間が誘ってくれて、今でも通っています。人のために何かをすることが喜びの女性です。

定期的にモニタリングするのですが、「ここはいいところよ。みんな優しいしね」と言っていただける反面、焦る様子はないのですが、「昨日から泊まっているの。今日は帰るわ」が口癖です。「Aさんは本当にここに来てよかったのかな」と思いますが、現状が十分理解できていないAさんに確かめようもありません。

そんなとき、長男夫婦が久しぶりに面会に来られました。「Aさんを見てどのように感じられますか？」と尋ねてみたところ、「家に一人でいた頃は表情が険しくて、いつも不安で何かに焦りを感じているような様子があったのですが、面会に来た私たちの顔を見ても怒ることもなく笑顔でいてくれています。母は皆さんに囲まれて生活している今が幸せなのだと思います」とおっしゃられました。

認知症の人の現実世界のモニタリングはとても難しいものです。穏やかにいてくれていると思っていると、ふとした瞬間に真顔で遠くを見つめるような表情をされるときも……。本当にここは、この人にとって心穏やかな場所なのか……。そう思うこともしばしばです。そんなときには、その人を一番よく知っているご家族に「今の利用者がどのように見えるか」を教えてもらうことも大切なポイントです。家族が胸を締めつけられるような思いでいると、それはこちらにも何となく伝わってきます。そういう意味でも、面会に来られた家族にはどう映っているのか尋ねてみたいものです。

03 モニタリング記録

> **POINT**
> モニタリングは記録に残すことが大切です。「評価シート」や「支援経過記録」について、内容を確認するとともに、活用の仕方をきちんと押さえましょう。

評価シート

　施設ケアマネジャーは、運営基準で利用者100人に対して1人の配置となっているため、多職種の協力を得ながらモニタリングを行います。

　図表5-1は評価シート（モニタリングシート）の一例です。このシートでは、ケアプランから目標とサービス内容を抜粋して、達成された課題と残された課題を具体性をもって評価します。評価職員（担当者）は、残された課題について、今後、「誰が、何を、どのようにしていくか」を事前にまとめてケアマネジャーに提出します。ケアマネジャーは評価を参考に、現状と今後について概ねの方向性を検討してサービス担当者会議に臨みます。

　モニタリングとサービス担当者会議をスムーズに進行するために重要なのが、サービス内容に具体性（誰が、どこで、何を、どのように）があることです。

「支援経過記録」における「終結」の記録

　逝去（看取り）や別の施設に移る等、何らかの理由で利用者との契約が終了した時点でケアマネジメントも終結します。

　支援が終結したときには、支援経過記録にその旨を記載しなければなりません。例えば、「本日22時半に看取りによるご逝去で支援を終了する」等です。

図表5-1 モニタリングシートの例

```
モニタリングシート
                                          評価日時 平成  年  月  日
利用者氏名        殿        評価職員(担当者)氏名

┌─────────────┬──────────────────────────────┐
│ 目標及び     │ ①                            │
│ サービス内容 │ ②                            │
│ (ケアプランより)│ ③                         │
│              │ ④                            │
│              │ ⑤                            │
├─────────────┼──────────────────────────────┤
│ 達成された課題│ ①                           │
│ (具体的に)   │ ②                            │
│              │ ③                            │
│              │ ④                            │
│              │ ⑤                            │
├─────────────┼──────────────────────────────┤
│ 残された課題 │ ①                            │
│ (具体的に)   │ ②                            │
│              │ ③                            │
│              │ ④                            │
│              │ ⑤                            │
├─────────────┼──────────────────────────────┤
│ 残された     │ ①                            │
│ 課題達成のための│ ②                         │
│ 今後の対応   │ ③                            │
│ ※誰が、どこで、何を、│ ④                    │
│ どのように(具体的に)│ ⑤                     │
└─────────────┴──────────────────────────────┘
※評価職員(担当者)→ケアマネジャー  提出期限  年  月
```

エバリュエーション（支援の振り返り）

　ケアマネジメントが終結した後に、エバリュエーションという、支援開始から終結までの全経過を振り返るプロセスがあります。

　看取り場面だけの振り返りをするのではなく、利用者と出会ったその日から日常生活全体を振り返るのです。人生最期のステージも支援するケアマネジャーの仕事には多くの課題があり、持続的な緊張や強いストレスを感じることもしばしばです。そこで支援の振り返りが必要になるのです。

　エバリュエーションを行うと、「こんなこともできなかった」「あんなこともしてあげられなかった」等と、"できなかったこと探し"になることが多いと感じます。

　エバリュエーションの目的は2つあります。1つは、支援を振り返ることで、次の支援をよりよいものにしていくことです。もう1つは、無力感を感じがちなケアマネジャーやスタッフの心の浄化です。できなかったことだけを探し出していたのでは、この2つの目的を達成することはできません。大切なのは、「できたこと」「できなかったこと」の両方の視点で評価することです。

図表5-2 エバリュエーションシートの例

エバリュエーションシート

フリガナ		性別	男・女	生年月日	明治 大正 昭和 年 月 日	年齢	歳
氏名							

サービス利用開始日・入居ユニット	平成　年　月　日座	入居前の居所	自宅・老健・病院・その他
			名称・住所：
サービス利用終了日・入居期間	平成　年　月　日 　　　年　ヶ月	医師のターミナル告知日	平成　年　月　日
退居事由	死亡理由　※疾患名等要因： 転居理由・場所：		

病歴：

障害高齢者・認知症高齢者の日常生活自立度	入居時	□自立・□J1・□J2・□A1・□A2・□B1・□B2・□C1・□C2
		□自立・□Ⅰ・□Ⅱa・□Ⅱb・□Ⅲa・□Ⅲb・□Ⅳ・□M
	退居時	□自立・□J1・□J2・□A1・□A2・□B1・□B2・□C1・□C2
		□自立・□Ⅰ・□Ⅱa・□Ⅱb・□Ⅲa・□Ⅲb・□Ⅳ・□M

本人・家族からの意見・感想　※プラス要因・マイナス要因

支援過程の振り返り

項目	支援経過にて評価できること	支援経過にて反省すべきこと
精神・身体面（医療面含む） ※機能面へのアプローチ		
生活面（会話・基本動作・ADL・IADL支援）		
役割づくり（参加）		
個性面（嗜好・生活史等）		
環境面　物的環境（居室内・嗜好品・思い出品等）		
環境面　人的環境（家族・他入居者・職員等）		

実施日　年　月　日
担当：

「定期的に好きなお寿司を食べに行くことができた」「元気な頃には毎日お風呂に入ることができた」「亡くなる2週間前に家族と家に帰ることができた」等々、利用者・家族に心から喜んでもらえたことを振り返るのは、次の支援の可能性を広げます。

また、「私たちも頑張った」という振り返りは、スタッフの自己効力感を高めて、看取りで疲れ切った心を癒します。図表5-2は、筆者の法人で使用している「エバリュエーションシート」です。病気や安全管理という限定的な視点ではなく、生きることの全体像（健康面、生活機能と環境面等）という視点において評価できるのが特徴です。

- モニタリングでは、ケアプランに記載されている目標とサービス内容について、達成された課題と残された課題を具体性をもって評価しましょう。
- 利用者との契約が終了した時点でケアマネジメントも終結します。支援経過記録にその旨を記載しましょう。
- エバリュエーションの目的は、支援を振り返り、次の支援をよりよいものにしていくこと、無力感を感じがちなケアマネジャーやスタッフの心の浄化です。

施設における
システムづくり

6

CONTENTS

- 01 連携・ポジショニング❶生活相談員との連携
- 02 連携・ポジショニング❷ケアワーカーとの連携
- 03 連携・ポジショニング❸看護師との連携
- 04 連携・ポジショニング❹主治医との連携
- 05 連携・ポジショニング❺外部医療機関との連携
- 06 連携・ポジショニング❻栄養士との連携
- 07 連携・ポジショニング❼居宅ケアマネジャーとの連携
- 08 連携・ポジショニング❽地域住民との連携
- 09 会議の場を活用する
- 10 リスクマネジメント❶ヒヤリ・ハットから学ぶもの
- 11 リスクマネジメント❷事故は多様な視点から分析する

01 連携・ポジショニング❶
生活相談員との連携

> **POINT**
> 生活相談員は、施設と家族の窓口機能を果たす存在です。多職種とのリンケージ（つなぎ役）であり、ケアと業務をつなぐため、利用者・家族に関する情報をしっかり共有しましょう。

生活相談員の役割

　施設ケアマネジャーが介護保険制度に位置づけられてから、生活相談員との業務分担に悩む施設が少なからずみられるようです。業務分担を明確に示した公的な資料はなく、実際は施設が独自で取り決めをしているため、その業務内容は千差万別と考えられます。

　施設ケアマネジャーは当然ながらケアマネジメントが仕事です。それに対して、生活相談員は利用者に対するソーシャルワークをベースにしながら、実践現場全体の統括をするのが役割といったイメージではないでしょうか。生活相談員は、ケアマネジャーとともにケアの組み立てを考える中核にいますが、同時に業務の組み立ての中心も担います。ケアマネジメントを支える基本的な業務の組み立て、リスクマネジメント（事故・苦情等）、職員の教育システム・指導、行事等企画、ボランティア調整、環境整備、制度改正対応等さまざまな役割があります。当然、すべての業務がケアマネジメントのためにあるわけですから、ケアマネジャーとの連携が非常に重要となります。利用者のニーズに沿った支援の中核を担うというところでは、その違いを見出すのは難しいので、役割分担のポイントについていくつか押さえておきましょう。

家族の窓口

　判定会議で施設入所が決定した後の契約時の窓口は生活相談員が果たすことが多く、それ以降のケアマネジメントにおけるアセスメントやモニタリング時の家族との関わりはケアマネジャーが多いと思われます。

　しかし、施設での生活では、事故や入院、看取り等の重大な局面が必ずあります。そのようなときの窓口がケアマネジャーなのか生活相談員なのか、または二人で対応するのかについて組織内で整理しておく必要があります。

　内容によっては、施設長（管理者）との連携も必要になります。その時々の状況で臨機応変な対応が求められますが、「日々の連携」「利用者に大きな変化があったときの連携」「重大事案発生時の連携」といったような枠組みをあらかじめ決めておくとよいでしょう。

多職種のリンケージ（つなぎ役）

　多職種間の連携方法は、ミーティングや申し送りノート、事業所内のネットワークシステム、経過記録、サービス担当者会議（カンファレンス）、その他の会議体等の活用があります。

　こうした手段を用いながら連携の中核に位置するのはケアマネジャーと生活相談員であり、利用者の多様なニーズに合わせて多職種をつないでいかなければなりません。例えば、新たな疾患が発生したときにケアワーカーによる日々の生活場面での経過観察と看護師による疾患の管理、管理栄養士による栄養管理のリンケージといったことをケアマネジャーが示すなどです。

施設ケアマネジャーは、生活相談員と役割分担をしつつ、的確な情報交換を行いながら多職種のつなぎ役にならなければなりません。

ケアと業務をつなぐ

　ケアの組み立てを担うのはケアマネジャーであり、そのためにはケアを支えるための業務を組み立てなければなりません。例えば、職員配置や勤務のローテーション、1日・1週間・1か月間の業務の組み立て、イベントの企画、利用者の生活環境やケア環境の整備など、枚挙にいとまがありません。

　こうした業務の組み立てについては、生活相談員だけでなく、施設長、事務長等も含めて組織全体で構築していきますが、業務はよいケアを行うためのものです。ケアと業務をつなぐ役目は、ケアマネジャーと生活相談員が担うことになります。

　この仕組みづくりのベースとなるのが、「サービス担当者会議がすべての会議の中心に位置する」という考え方です。個別のケアから見えてきた利用者ニーズを施設利用者の普遍的ニーズとして整理し、その普遍的ニーズを達成するための手段として業務を組み立てます。施設都合の業務に合わせたケアにならないように生活相談員と連携して、多職種を教育・管理していくことが求められます。

図表6-1　個別ニーズを普遍的ニーズへ

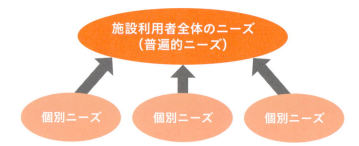

6 施設におけるシステムづくり

01 連携・ポジショニング❶生活相談員との連携

図表6-2 普遍的ニーズから業務の仕組みづくりを

個別入浴対応ができる業務の仕組みづくり

↑

1人でのんびりとお風呂につかりたい（普遍的ニーズ）

↑

わしはお風呂が大好きじゃ！

男性ワーカーさんに裸を見られるのは恥ずかしい！

あんたら、よってたかって何で服脱がすんじゃ？
（※認知症の高齢者）

- 「日々の連携」「利用者に大きな変化があったとき」「重大事案の発生時」等に備えて、家族との連携の窓口を決めておきましょう。
- 多職種連携の方法は、ミーティング、申し送りノート、経過記録、サービス担当者会議等があります。ケアマネジャーは生活相談員と役割分担しつつ、多職種のつなぎ役になりましょう。
- 個別ケアから見えてきた利用者ニーズを整理して、普遍的なニーズを達成するための手段として業務を組み立てましょう。

まとめ

02 連携・ポジショニング❷
ケアワーカーとの連携

> **POINT**
> 利用者に直接支援を行うケアワーカーとの連携は大切です。心身機能やADL等の健康面の管理はもちろん、利用者の個別性を大事にした関わりを意識しましょう。

利用者の生活支援の中心

　利用者の最も身近にいるケアワーカーは、介護のプロフェッショナルです。認知症の利用者は、家族の顔を忘れ去ってもケアワーカーの顔はわかることもあるほど身近な存在といえます。

　ケアプランで設定した生活ニーズのモニタリングにおける情報源の中核となるのがケアワーカーです。利用者の状態像を24時間把握しなければならないケアマネジャーにとって、最も密接に連携しなければならない専門職といえるでしょう。

健康（病気）の管理

　病気の管理の中心は、主治医と連携しながら看護師が行います。看護師は医師の指示のもと看護処置を担いつつ、血液検査の数値、バイタルや体重の数値等によって、利用者の健康状態を把握します。

　しかし、悪化の兆候や新たな病変の発見を担うのはケアワーカーです。熱感、麻痺の出現、意識レベル、表情・コミュニケーション、基本動作、食事動作・嚥下状態、排泄時の排泄物等の確認、入浴時の身体の皮膚状態や浮腫の確認等、さまざまな生活場面において健康にかかる情報を得ることができます。

　そして何らかの変化があったときは、看護師と連携をとりながら主治医へつな

図表6-7 施設におけるケアワーカーの役割と連携

・健康管理
・ADL・IADL支援を通じて生活を支える
・役割づくり（利用者間、家族、地域等）
・生きがいづくり
・職員教育

ぎます。ケアマネジャーも、こうした情報をケアワーカーから常に収集することが求められます。

心身機能とADL

　ADLとは、寝返り、起き上がり、端座位、立ち上がり、歩行といった基本動作と、入浴、食事、排泄、整容、更衣といった、目的に沿った複合的な動作のことです。ケアワーカーが直接的にかかわるのがADLになります。ADLは環境によって全く異なる内容となります。例えば、便座からの立ち上がりと車椅子からの立ち上がりは全く違うものであり、リスクも異なります。介助者の有無によっても変わってきます。また、ADLは心身機能の影響を直接受けます。例えば、膝の痛み（機能障害）は基本動作に大きく影響します。認知症の進行は入浴、食事、排泄といった活動にも影響します。

　こうしたADLの細やかな流れや、ADLに対する心身機能障害や環境の影響を把握しているのがケアワーカーといえるでしょう。

役割

　人が人らしく生きていくために最も大切なものの1つが「役割」です。役割とは、「誰かのために何かをする」か、「誰かと一緒に何かをする」ことで生まれます。施設の利用者は重度の障害がある人が多いので、役割を果たすことはありえないと考えてしまいがちですが、ほんの少しの会話や一緒にお茶を飲むだけでも役割であり、こうした役割を知っているのもケアワーカーです。

　また、面会に来る家族との関係性における役割はQOLにおける重要な要素で

す。そこに家族としてどのような役割が存在するか身近で見ることができるのもケアワーカーです。

人的環境

　人的環境とは利用者を取り巻く人々です。在宅では家族や近隣住民との関係性が中心にあります。施設でも家族という人的環境は同様に重要ですが、入居者同士、ケアワーカー等の多職種という人的環境もあります。このような関係性を把握しているのもケアワーカーです。

物理的環境

　物理的環境とは、居室、ベッド、テーブル、車椅子、自助具、衣類、薬、病院、店舗、自然といった、利用者の周囲にある「物」すべてであり、利用者のADLに大きく影響します。
　例えば、車椅子の大きさや高さは食事時のポジショニングに影響し、それが食事量や誤嚥事故の要因になったりします。曲がりスプーンの角度の工夫で食べこぼしの量が大きく変化します。食べこぼしが多いことが周囲の利用者からの批判につながり、尊厳が守られない事態に陥ることもあります。このように考えると、曲がりスプーンの角度の工夫だけで尊厳が守られることもあるのです。
　施設は生活環境が同じだから個別化しにくいと考えられがちですが、利用者の健康状態や個性、心身機能、体格等に応じて多様な個別化が可能です。このような評価もケアワーカーとの連携によってモニタリングできるでしょう。

個性（生活史）

　第2章08の「個性・生活史」のところでも触れましたが、利用者は人生を歩むなかでさまざまな人や体験の影響を受けて、「個人的価値観」が育まれます。この個人的価値によって、目の前の出来事の善悪や歩む道の選択、実行の順序等を決めています。好きなこと、嫌いな物、許せること等も人それぞれです。その積み

重ねが生活史であり、生活史も個性そのものといえます。

　施設では「個別化」に悩み、どの利用者も同じようなケアプランになってしまうといったケアマネジャーの声を耳にしますが、利用者を個別の存在として理解しようとするなら生活史を知る必要があります。家族とのコミュニケーションはケアマネジャーの大切な役割ですが、常に利用者の身近にいるケアワーカーは、面会やイベントのときなど、利用者の家族とコミュニケーションをとる機会が多くあります。雑談で「うちの父は昔はこういう人だったのよ」と、利用者の思い出を語ってもらえるのもケアワーカーが多いでしょう。

- 生活ニーズのモニタリングの情報源はケアワーカーが中核です。ケアマネジャーが最も密接に連携をしなければならない専門職といえます。
- 悪化の兆候や新たな病変の発見を担うのもケアワーカーです。生活場面における健康にかかる情報を得ることができます。
- 家族はもちろん、利用者を取り巻く入居者同士の関係性についてもケアワーカーから情報を得るようにしましょう。
- 利用者を理解するうえで生活史は必須の情報です。ケアワーカーは、利用者や家族と雑談をすることも多く、そうした機会から得られる情報も活用しましょう。

まとめ

03 連携・ポジショニング❸ 看護師との連携

> **POINT**
> 主治医とのつなぎ役や利用者・家族への医療面の教育等、看護師が果たす役割は大きいものがあります。お互いに専門性の違いを認識することで、連携を深めていきましょう。

専門性の違いを相互に理解する

　当然のことですが看護師は医療系の専門職です。ケアマネジャーが保有する基礎資格は、医療系や福祉系等さまざまです。またケアワーカーは介護福祉士が中心です。その専門性の違いは、利用者の理解や支援の視点の違いとして現れます。例えば、医療職であれば健康面を中心に医療ニーズを優先的に考える、介護職であれば生活面を中心に生活ニーズを優先的に考える等です。

　それではどちらの見立てが正しいのでしょうか？　もちろん、どちらの見立ても正しいといえますが、自分の専門性の視点でしか利用者のニーズを見立てられない専門職がいるとしたら話は変わってきます。

　視点の違いはニーズの見立ての違いにつながり、それはケアの優先順位や内容の違いとなって現れます。その結果、利用者に迫るリスクに気づかなかったり、利用者の要望を無視することに陥る可能性があります。そうならないためには、看護師を含めた医療職と介護職の規範的ニーズの重要性を、お互いが理解しなければなりません。

　そのためにもケアマネジャーは、利用者の要望と多職種の専門性をつなぎ合わせて、利用者の尊厳を守りながら生活全体にわたるニーズを漏れなく導き出すことが求められるのです。

03 連携・ポジショニング❸看護師との連携

図表6-3　施設における看護師の役割と連携

主治医とのつなぎ役	医療ニーズに対応するための主治医とのつなぎ役
口腔ケア	口腔機能訓練プログラムにより、歯科医師、歯科衛生士とのつなぎ役
機能訓練	機能訓練プログラムにより、リハビリテーション専門職とのつなぎ役
医療面の教育	ケアマネジャー、ケアワーカー、利用者・家族等の医療知識の教育的機能

医療ニーズと生活ニーズのバランスの共通理解

　病院と施設は機関の目的も機能も大きく異なります。施設は生活の場であるといっても主治医も看護師も配置され、プライマリケアは積極的になされています。対人援助職に求められる最優先倫理は「生命の保持」であり、医療ニーズが優先されるのは当然のことです。

　しかし、治療を優先するあまり、利用者の思いや生活の質の低下に気づかない、目を向けないといったことがあるならば、それはもはや生活の場とはいえません。例えば、糖尿病があっても時には外食して好きなものを食べたり、転倒リスクが高くても自分でトイレに行きたいという要望を優先すること等です。生活の場であればこそ、医療ニーズと生活ニーズのバランスを、看護師、ケアワーカー等の多職種が共通理解しておかなければなりません。

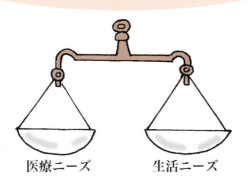

生活の場としてのニーズバランス

医療ニーズ　　生活ニーズ

主治医とのつなぎ役

　施設では契約による主治医や開業医であることがほとんどです。組織外の専門職であり、施設ケアの本質や理念を共有できる環境にはないと考えたほうがよいかもしれません。

　そのなかで橋渡しができるのが、医師と直接コミュニケーションをとる看護師です。ケアマネジャーは上手に看護師と協力することが求められます。治療の相談をしながら、利用者や家族の思いをアドボカシー（代弁）したり、生活ニーズに対する理解をしてもらえるよう働きかけなければなりません。

施設における口腔ケア・機能訓練

❶口腔ケア

　口の中の汚染は誤嚥性肺炎をはじめ、さまざまな病気を引き起こします。歯科医師や歯科衛生士と連携して口腔ケアのマネジメントをするのは看護師であることが多いですが、直接的にケアをするのはケアスタッフです。

　他のケア同様、口腔ケアもケアプランに位置づける必要があり、看護師が歯科医師や歯科衛生士の指導を受けて、ケアプランと連動する口腔ケア計画を立案して実践に取り入れます。支援経過記録には、ケアワーカーに口腔ケアについて記載してもらい、看護師にもモニタリング記録を記載してもらいます。

❷機能訓練

　施設利用者は、認知症で機能訓練の目的が理解できなかったり、記憶障害、意欲低下といったさまざまな要因により、継続性が担保できなかったりします。あるいは、重度の身体機能障害により機能訓練自体が困難な利用者がほとんどです。このような利用者を目の前にして、どのような機能訓練を実施すればよいか悩む看護師も多いようです。

　中等度から重度の認知症のある利用者の場合は、心身機能に直接アプローチする訓練的なプログラムは理解力という点において困難です。認知症の人でも目的が理解しやすい活動や役割との相互作用を活用して心身機能を鍛える「活動訓練」

03 連携・ポジショニング ❸看護師との連携

図表6-4 運動機能向上プログラムシート

運動機能向上プログラムシート

プログラム期間	年 月 日 ～ 年 月 日	
氏名　　　　　　様	生年月日　M・T・S　年 月 日	介護度　1. 2. 3. 4. 5

活動内容と目標

基本動作（起き上がり～歩行）		食事動作	
している活動	支援を要する活動	している活動	支援を要する活動
活動の目標		活動の目標	

入浴・更衣の動作		排泄動作	
している活動	支援を要する活動	している活動	支援を要する活動
活動の目標		活動の目標	

サービス内容

実行状況及び評価

※「活動内容」はケアプランと連動し、利用者により変わります。

6 施設におけるシステムづくり

のほうが適しています。

　つまり、ADL（整容、更衣、食事、入浴、排泄等）を可能な限り現有能力を活かして行ってもらうことや、誰かのために、または誰かと一緒に活動する（役割）ことで、活動性を改善することで心身機能が改善するという考え方です。つまり、生活機能の良循環です。このような考え方を看護師と共有して、ケアプランと連動しながら機能訓練プログラムを組み立てることが求められます。

医療面の教育

　基礎資格が介護福祉士のケアマネジャーには、医療ニーズの把握や対応が苦手という人が多くいます。専門領域が違うわけですから当然といえます。

　福祉系の専門職が押さえておきたい医療知識はいくつかあります。まずは疾患そのものの知識です。現状と悪化したときにどのような症状が現れるかは押さえておかなければならないポイントです。

　次に大切なのは、処方薬剤の作用と副作用です。内臓疾患や精神疾患にかかる薬剤等、利用者には多様な薬が処方されています。身体症状、精神症状の把握は欠かせません。特に精神科系の薬は、同じ薬でも利用者によって効果が全く異なります。ある利用者ではBPSDが改善することがある反面、別の利用者ではBPSDが悪化して不穏や興奮につながることもあります。新しい薬が加わった、量が増えた・減った、種類が変更されたときには、利用者の状態を観察し、身体機能や精神症状、ADL等を記録して、看護師を通して医師に報告するようにしましょう。

　次に、疾患の変化については日常生活場面における観察が重要です。入浴、食事、排泄、口腔ケア、基本動作等の日常生活場面ごとに、疾患を観察するポイントを、ケアマネジャー、ケアワーカーが把握しておかなければなりません。例えば、心不全等の循環器系の疾患であれば運動時や入浴時、泌尿器系であれば排泄時、認知症であれば意思疎通、BPSDの変化等です。

　このようなポイントについては、看護師と連携しながらケアマネジャー自身も学びつつ、ケアワーカーに一体的に教育していく必要があります。こうした点も看護師との連携が求められるところです。

図表6-5 医療面の教育がきちんとした目標の設定につながる

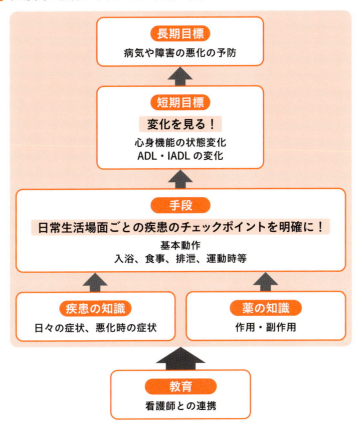

- 施設で、医療ニーズと生活ニーズを共通理解するために、看護師、ケアワーカー等との情報共有が求められます。
- 施設と主治医との橋渡しができるのは看護師です。ケアマネジャーは主治医との連携において看護師との協働が求められます。
- 処方薬剤による状態変化や疾患そのものの変化は、基本動作等の日常生活場面ごとに観察ポイントを把握するように努めましょう。

04 連携・ポジショニング❹
主治医との連携

> **POINT**
> 施設では医師が常駐していない所がほとんどでしょう。医療ニーズと利用者・家族の要望との着地点を意識して、主治医と直接顔が見える関係づくりに努めましょう。

主治医との連携

　施設では外部の医療機関との契約による主治医等が多く、医師が常駐している施設はほとんどないと考えられます。

　医師との直接的な連携は看護師が担いますが、ケアマネジャーが直接連携を取らなくてはならないこともあります。例えば、医療ニーズと利用者・家族の要望（自己決定）との着地点を見出さなければならないとき等です。

　具体的には、病気の服薬治療をしながら利用者の食事に対する要望を叶える場面を設定する医療ニーズとQOLを高めるニーズとのバランスを取る場面であったり、看取りのカンファレンスにおける利用者・家族と医師をはじめとした多職種で合意をする過程などです。

　施設は生活の場です。命を守ることが最優先ではありますが、時には、自己決定を優先したり、QOLを高めるような場面設定も求められるのが医療機関とは異なるところです。

　医師はあくまでも、病気や障害を可能な限り治療するのが使命です。しかし、施設は命を維持するだけではなく輝かせる場です。時にはリスクがあることも覚悟しつつ、楽しむことを支えていかなければなりません。ケアマネジャーは、医師にそういったニーズがあることも理解してもらう橋渡しをしなければなりません。

04 連携・ポジショニング❹主治医との連携

図表6-8 施設における主治医の役割と連携

- 医学的管理
- 看護師支援
- 緊急時の判断・指示
- 看取り診断
- 医療知識・技術における職員教育

> **まとめ**
> - ケアマネジャーは、医療ニーズと利用者・家族の要望（自己決定）との着地点を見出さなければならないとき等、医師との密接な連携が求められます。
> - ケアマネジャーは、リスクが伴うニーズもあることを、医師に理解してもらう橋渡しをしなければなりません。

05 連携・ポジショニング❺ 外部医療機関との連携

> **POINT**
> 外部医療機関との連携について、ケアマネジャーは主治医との関係も含めて、チームとして利用者・家族を支える意識が重要です。

中核病院と主治医との連携

　日々の治療は主治医が行いますが、症状が重篤化したり、事故等で地域の中核病院を受診しなければならない場合があります。受診対応は看護師がすることが多いですが、急な病状悪化や事故等の緊急時にはケアマネジャーが対応する場合もあります。入院する場合は医師間で診療情報が提供されますが、受診時に利用者の個人台帳等を持参して、現疾患の状況や受診に至った経過等を病院に説明しなければなりません。

　また、施設に戻った後に診察結果を記録して看護師や主治医に伝達します。入院した場合、状況把握のために継続的に病院を訪問し、担当看護師等から利用者の病状について情報収集を行い、経過記録等に記録しつつ、施設の看護師、主治医に報告します。看護師がケア現場を離れることが難しい状況にあると、ケアマネジャーが中核病院と主治医との橋渡しをしなければなりません。日々、利用者の状態把握や医療知識の習得が求められます。

認知症専門医（精神科医）と主治医との連携

　例えば、認知症の症状が悪化し、他の利用者とのトラブルが絶えないような状態になると、認知症専門医の受診が検討されます。こうした場合、事前に主治医に相談し、診療情報提供書を書いてもらうことになります。認知症専門医は主治

医の処方を確認しつつ、認知症の治療薬を処方します。

診察結果については、認知症専門医から主治医へ診療情報が提供されます。一連の流れについては、大規模な施設では看護師が対応することが多いでしょうが、小規模な施設ではケアマネジャーが対応することもあります。最近では、認知症専門医による治療が当たり前になってきており、ケアマネジャーがこうした連携の橋渡しを行うことは今後増加していくと考えられます。

歯科医師と主治医との連携

施設では、誤嚥性肺炎等の疾患予防のために口腔ケアの取り組みが行われています。歯科衛生士による口腔ケアや評価から歯科受診につながることもしばしばあります。脳梗塞等の既往があり、血液の循環を良くする薬を服用している場合、治療に注意を要する疾患や処方薬があるときには、主治医から歯科医師へ診療情報提供をしてもらわなければなりません。

歯科衛生士や看護師がリンケージ（連係）してくれることもありますが、施設によってはケアマネジャーが担うこともあります。

- 認知症専門医の受診が検討される場合、事前に主治医にその旨を報告し、診療情報提供書を依頼します。診察結果は、認知症専門医から主治医へ診療情報提供がなされます。
- 歯科衛生士による口腔ケアや評価により、歯科受診につながることもしばしばですが、歯科治療に注意を要する疾患や処方薬がある場合、主治医から歯科医師への診療情報提供を依頼しましょう。

まとめ

06 連携・ポジショニング❻
栄養士との連携

POINT
利用者の咀嚼、嚥下機能に変化があったとき等、栄養士との連携は重要です。栄養状態の把握や栄養管理等について理解しましょう。

咀嚼、嚥下機能に変化があったとき

　疾患の悪化等により咀嚼機能や嚥下機能が低下したときには、食事の形態を変更しなければなりません。最近では、普通食、きざみ食、ミキサー食、ソフト食、ゼリー食、栄養補助食品など、多様な形態で提供できるようになりました。ケアマネジャーは、医師、看護師、栄養士と連携しながら、利用者の機能に合った食事の形態を検討しなければなりません。

　安全・安心の観点から咀嚼・嚥下しやすいものという視点も重要ですが、食事は人に最後まで残される楽しみの１つであり、多くの利用者のADLで最後まで自立できるのが食事です。心身機能が徐々に失われていく老年期の最後のステージにおいて、食事形態を工夫して口から食べられることでQOLは全く異なるものになります。

　近年では、嚥下補助食品も多様な特徴のあるものが市販されており、利用者の状態にあった活用が可能となっています。栄養士と連携することで、安全性に配慮しながら美味しい食事を追求することができます。

栄養状態の把握

　栄養士が把握する利用者の健康状態の評価軸の１つに体重があります。他にも

06 連携・ポジショニング ❻栄養士との連携

図表6-6 施設における栄養士の役割と連携

・栄養状態の把握・管理
・食事摂取にかかる嚥下・咀嚼機能・摂取動作の把握
・食事形態の評価
・食事づくりへの利用者参加状況の把握
・嗜好・満足度評価
・食事摂取にかかる職員教育

血液検査のアルブミン値等による評価も行います。また、1日の塩分やたんぱく質等の栄養素の摂取量・水分摂取量は、栄養管理のための重要な要素です。このようなデータを栄養士と連携しながら評価することが求められます。

食事場面を見る、知る（ミールラウンド）

施設ケアマネジャーや栄養士に求められるのは、利用者の食事場面を観察することです。テーブルに着くまでの移動、隣に誰がいて、どんな会話をして、目の前にどのような光景があるのか、食器の配置、テーブルの高さ、車椅子のポジショニング、食器の配置、箸・スプーン・自助具の使用状況、実際の手の動き、肩や手首の可動域、何が好きで何が嫌いか、何から食べて何を残すのか等、一連の流れで食事を観察することが、施設ケアマネジャーと栄養士に求められる専門性です。

加えて、利用者にできる力があるのなら、調理や食器の準備も食事の一環といえます。そうした一連のプロセスと環境で食事を把握することが、食事のQOLを高め、より良い栄養管理へとつながります。

「栄養管理」と「楽しみとしての食事」とのバランス

食事には2つの側面があります。1つは栄養を摂って命をつなぐ側面です。身体を維持するための機能的な側面ともいえます。もう1つは楽しみとしての食事です。大好きなものを味わったり、家族や気のおけない友人とおしゃべりを楽しみながらする食事はQOLを大きく高めます。「美味しい」と感じたり、家族や友

人との関係を深める気分的な側面もあります。

　命をつなぐのが最優先の倫理原則ですから、栄養が摂れることが前提ではありますが、美味しいと感じられないものを出されても人は食べることができません。無理やり食べることで命がつながったとしても、食事に関するQOLは低下してしまいます。

　それでは、生活の場としての施設の食事はどうあればよいのでしょう。それは、「栄養摂取」と「楽しみ」のバランスをどのように取るかにかかってきます。命をつなぎ、輝かせる生活の場となるためにはケアマネジャーと栄養士が中心となり、施設全体で「食事というものをどのように理解し、何を目的とするのか」の合意形成が必要となります。

看取り―どこまで管理するのか

　近年、施設は看取りの場としての位置づけが浸透してきたことにより、年間10人以上の利用者の看取りをしている施設も珍しくなくなりました。

　施設は命をつなぎ、輝かせる場ですが、いつかは看取り期を迎えます。利用者の状態像によっても異なりますが、最後は誤嚥に注意しながらの食事介助になる利用者がほとんどです。窒息を防ぐためには、食事形態にも細心の注意が必要です。しかし、そこだけに視点を注ぐと誤嚥防止と栄養摂取という機能的な側面としての食事に偏ってしまうことになります。

　看取り期を迎えたAさん（男性・68歳）は、がんの末期で食欲が徐々に落ちてきたある日、「何か食べたいものありますか?」の質問に、「インスタントラーメン（※実際は具体的な商品名）が食べたい」と言いました。「生麺のラーメンを作りましょうか?」という栄養士に「いいや、インスタントがいい」とおっしゃいました。Aさんは、スタッフが作ったインスタントラーメンを「美味い！　これだ!」と言いながら平らげました。

　老衰のBさん（女性・88歳）は、「何が食べたいですか?」の問いに、「パリパリいうソーセージ。塩コショウをふって食べるのが大好き」。Bさんは嚥下障害も出始めていましたが、栄養士はそのままの形で提供しました。Bさんはご飯の上にのせて、「これこれ、あぁ美味しい」と言いながら、完食しました。

06 連携・ポジショニング❻栄養士との連携

6 施設におけるシステムづくり

　老衰のCさん（女性・90歳）は、「具のない味噌汁」と「アイスクリーム」を希望したので召し上がっていただきました。看取りのため施設に3週間宿泊した娘さんは、「母が美味しそうに食べる姿を見られて嬉しいです」とおっしゃっていました。

　看取り期には、栄養を管理しなくてはならない時期を超越するときが訪れます。「好きなものを、好きなときに、好きなだけ」という食事の考え方にシフトさせるということです。このような判断も、ケアマネジャーと栄養士、看護師等との連携における大切な要素であり、押さえておきたい視点といえます。

> - 体重、血液検査の値等による評価、1日の栄養素や水分の摂取量等、栄養士と一体的に栄養管理のデータ等を共有することが求められます。
> - ケアマネジャーと栄養士は、施設の利用者の食事場面を見る（ミールラウンド）ことが大切です。一連の流れや環境を見ることが、QOLを高め、よりよい栄養管理へつながります。
> - 看取り期に食事の考え方を変える判断も、ケアマネジャーと栄養士、看護師等との連携の大切な要素といえます。

まとめ

07 連携・ポジショニング❼ 居宅ケアマネジャーとの連携

> **POINT**
> 居宅ケアマネジャーは、利用者・家族の在宅にいた際の情報をもっています。初回のサービス担当者会議に参加してもらう等、利用者に関するアセスメント情報の入手に努めましょう。

アセスメントの対象者

　施設への入所が決定するとアセスメントを実施します。基本的な情報は、入所申請時の簡易なアセスメント情報や要介護（要支援）認定申請書主治医意見書の写しなどで得られますが、入所時にはさらに詳細な情報が必要となります。

　利用者の入所前の居場所が在宅なのか病院なのか、他の介護サービス事業者なのかによってアセスメントの連携先は異なります。例えば、在宅であれば利用者・家族、居宅ケアマネジャー、病院であれば医師、看護師、PT・OT等、介護保険施設であれば施設の管理者や事業所のケアマネジャーなどです。利用者の居場所によってアセスメントの連携先を柔軟に変えていかなければなりません。

居宅ケアマネジャーのアセスメント

　居宅から施設に入所する場合のアセスメントの対象は、利用者と家族が中心になります。加えて、在宅生活を支え続けた居宅の担当ケアマネジャーからは、蓄積された利用者・家族の情報、規範的ニーズやニーズに対する目標、在宅をどのように支えてきたかという手立て（サービス内容）を教えてもらうことができます。施設での生活を可能な限り在宅生活の延長線上にあるものとして支援するためには欠かせない情報源です。

07 連携・ポジショニング ❼ 居宅ケアマネジャーとの連携

図表6-9 施設における居宅ケアマネジャーとの連携

- 入所前の生活にかかる情報の収集
- 在宅への退所を目標とした連携
- 虐待等の緊急時受け入れにかかる連携

初回サービス担当者会議への参加依頼

　施設のサービス担当者会議は、利用者・家族と施設の多職種で開催されることが多く、あまり居宅ケアマネジャーとは連携できていないようです。原因として、居宅ケアマネジャーと施設ケアマネジャーの連携の問題があります。

　地域でのケアマネジャーのネットワークに施設ケアマネジャーは参加しにくいようです。施設ケアは施設内でケアが完結してしまうという特徴があり、地域の福祉サービスとの連携の機会が少なく、居宅ケアマネジメントと施設ケアマネジメントの技術に個別性があったり、施設ケアマネジャーの人数が居宅ケアマネジャーよりも圧倒的に少なくて研修等に参加しにくいことが考えられます。

　しかし、居宅ケアマネジャーは在宅生活の支援の中心にいます。アセスメント時の連携だけでなく、入所後の初回サービス担当者会議に参加してもらうことで、利用者の人となりや在宅生活がさらに見えやすくなり、利用者理解が深められます。

> **まとめ**
> - 居宅ケアマネジャーからは、利用者・家族の情報、ニーズや目標、手立て等を教えてもらうことができます。施設での生活を支援するためには欠かせない情報源です。
> - 居宅ケアマネジャーに初回サービス担当者会議に参加してもらうことで、施設の多職種がより適切に利用者の理解ができます。

08 連携・ポジショニング❽ 地域住民との連携

> **POINT**
> 支援の一連の流れが施設内で完結してしまいがちなため、地域に出向いたり、施設に地域住民を招いて交流する等、地域との連携を意識しましょう。

施設は地域ではない?

　一人暮らし高齢者の会の参加者から、「老人ホームに行ったら終わりだ。元気でいないと」と聞いたことがあります。生活支援ハウスの利用者からも「いつ『老人ホームに行きなさい』と言われるかドキドキする」と言われたこともあります。

　昔のような偏見はなくなりつつあるものの、施設は地域の居場所の1つという見方には程遠く、「施設=送り込まれる場」というマイナスイメージが未だに付きまとっているような印象を受けます。それでは、こうしたイメージを解消するには、施設ケアマネジャーとして地域住民とどう連携していけばよいのか考えてみましょう。

地域住民との連携の意義

　地域住民との連携の意義は2つあると考えられます。1つは、施設が特別な高齢者を預かる特別な場ではないと理解してもらうことです。もう1つは、介護が必要になったら安心して身をゆだねられる場所であると理解してもらうことです。

　特に、認知症が超高齢社会の課題として認識されるようになった今、年を重ねることが大きな不安になっています。認知症になっても安心して過ごせる場の1つとして施設を理解してもらうことが重要です。

08 連携・ポジショニング ❽ 地域住民との連携

6 施設におけるシステムづくり

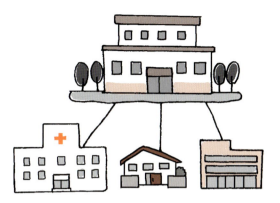

具体的にどのように連携するのか

❶地域に出向く

　地域にはさまざまな社会資源があります。そのなかには、施設利用者と地域をつなぎ止めることができるものがあります。例えば、高齢者が集まって趣味活動をする高齢者教室等です。認知症でも、囲碁や生け花といった趣味活動が継続できる人はたくさんいます。

　私の施設では、そうした教室の代表の方に協力を依頼して、施設で送迎も行って参加してもらう取り組みをしています。地域の運動会や高齢者のお茶会にも声をかけてもらうようにして参加しています。こうした取り組みにより、地域の高齢者に"認知症は特別な病気ではないこと""地域の高齢者との交流も、何ら問題なく可能なこと"と理解してもらえると感じています。

❷施設に招く

　施設を会場にして一人暮らし高齢者の会等を開催してもらい、「施設とはどんなところなのか実際に見ていただく」といった取り組みもしています。

　他にも、認知症カフェを定期的に開催して、在宅で生活している認知症の高齢者とその介護者の方と、施設の利用者との交流といった取り組みもしています。また、イベント的なボランティアだけではなく、傾聴ボランティアや実際に食事介助や準備を協力してもらうといった生活に密着したボランティアを依頼する取り組みもしています。

　このような取り組みは、施設を開放することで風通しを良くし、地域に信頼していただくという目的もあります。

❸認知症理解の普及啓発

　国は「認知症施策推進総合戦略（新オレンジプラン）」で、認知症の「早期診断・早期対応」を目標に掲げ、各市町村に「認知症初期集中支援チーム」の設置を義務づけています。

　施設ケアマネジャーとしても、利用者の家族をはじめとする地域住民とコミュニケーションを図るなかで、認知症が疑われる人と出会ったときに認知症初期集

中支援チームとの連携が求められます。

　また、新オレンジプランでは「地域での日常生活・家族支援の強化」を目標として、「認知症地域支援推進員」を設置しています。私が勤務する法人の施設ケアマネジャーも行政の要請を受けて、研修を受講して認知症地域支援推進員となり、認知症サポーターの養成研修に積極的にかかわっています。このように一口に地域住民との連携といっても、多様な手立てが存在します。

　施設ケアマネジャーは、施設のなかだけで活動することが多いのが事実です。しかし、それではいつまでたっても、地域福祉と施設福祉といった比較対象の枠から抜け出すことはできません。

　施設は地域の住まいの1つの型であり、あくまでも地域のなかにあるものという理解をしてもらえるよう努力していかなければなりません。

- 地域住民との連携の意義は、❶施設が特別な場ではないと理解してもらうこと、❷介護が必要になったら安心して身をゆだねられる場所だと理解してもらうことです。
- 地域住民に施設に来てもらう取り組みは、施設を開放することで風通しを良くし、地域に信頼してもらうという目的もあります。

09 会議の場を活用する

> **POINT**
> 家族会や運営推進会議等、会議の場は関係者が一堂に会する機会であり、利用者・家族とケアチームとの信頼関係を築く大事な場面です。

利用者・家族との信頼関係づくりの取り組み

　施設利用者の家族との信頼関係づくりはどのように取り組んでいけばよいでしょうか。居宅ケアマネジャーと異なり、施設では担当する利用者の数が多いため、個々の家族と落ち着いて面談することが難しかったり、緊急性によっては遠方から利用者を受け入れなければならないこともあり、家族と会うことが難しい場合もあります。

　施設は24時間の居住型ケアということで安心してしまい、利用者との関わりが疎遠になる家族もいます。そうした状況のなかで、施設ケアマネジャーは家族との信頼関係づくりに苦慮します。「サービス担当者会議になかなか参加してもらえない」「ケアプランの意見を求めても「これで結構です」という答えしかもらえない」といった声を耳にします。

　施設ケアマネジャーは、家族に直接電話をしたり、里帰りを企画して利用者と自宅を訪問したり、面会に来たときを見計らって面談したりと、あの手この手を尽くします。家族との信頼関係づくりは、施設全体の課題でもあるため、納涼会や家族交流会といった家族参加型の企画を実施している施設もあります。

　また、定期的に生活の様子を要約した経過記録を家族に郵送したり、利用者の居室にアルバムを設置して、できるだけ生活の様子を見ていただくといった、積極的な情報開示の取り組みをしているところもあります。

家族会・運営推進会議で「何を」報告するのか

　特別養護老人ホームでは、「家族会」といった交流の場を設けて、施設運営について報告をする取り組みがあります。

「家族会」は、運営基準等で義務づけられているものではありませんが、利用者家族との情報交換や懇談の場として設置されています。あくまでも任意なので、その性格や内容はさまざまです。

　また、地域密着型サービスであるグループホーム（認知症対応型共同生活介護）では、介護保険法の「指定地域密着型サービスの事業の人員、設備及び運営に関する基準」において「運営推進会議」を概ね2か月に1回以上開催することが義務づけられています。「家族会」や「運営推進会議」を開催する目的は、利用者家族、地域住民、家族、地域包括支援センター等に参加してもらうことで、事業所の運営の透明性を確保したり、サービスの質の向上、地域に開かれた施設にすることで交流を図ること等が目的とされています。

　では、このような会議では、施設方針として「何を」報告しているのでしょう。外部から運営会議に参加する機会の多い地域包括支援センターの職員から、「利用者参加型の企画など、頑張っている取り組みの報告に終始している施設が多い」と聞いたことがあります。しかし、利用者の家族の立場にたって考えてみると、「自分の親の尊厳や権利がどう保障されているのか」といったこと等が、本当に知りたいことなのではないでしょうか。

　施設が利用者の尊厳や権利を保障する態度を示すには、具体的には、最初に「事故」と「苦情」について報告することが考えられます。施設内で虐待でも起きようものなら、なおさらです。事故、苦情、虐待といった、施設としてできれば知られたくない情報を誠実に開示することが、利用者の尊厳や権利を保障する態度の現れといえるでしょう。そして、そうした事案を経験して、施設としてどのように改善に取り組んできたのかを伝えることが大切です。

利用者の尊厳や権利を保障する態度が「信頼関係」を築く

　施設側は、利用者家族との信頼関係を築きたいと考えているからこそ、「一生懸命頑張っていること」について報告をしがちです。しかし、本当に信頼関係を築きたいと考えるのであれば、頑張っている取り組みを示すよりも先に、家族の不安を解消することが重要ではないでしょうか。そのために「事故」「苦情」の情報開示が重要となるのです。

「事故」や「苦情」を開示したら、つるし上げられるんじゃないだろうか、会議が紛糾して収拾がつかなくなるんじゃないだろうか……。そんな不安が頭をもたげます。しかし経験上、意外とそういう雰囲気にはなりません。開示することの意味、つまり「利用者の尊厳を守るために、うちの施設は隠しません」ということを併せて伝えることで、家族も施設の態度を理解してくれるからです。家族会の後の利用者、家族を交えての食事会で、「ここはちゃんと情報を開示してくれるから本当に信頼がおけます」と言っていただいたことがありました。もちろん、家族会だけでそういう関係になれるわけではありません。日々のコミュニケーションが一番重要なのはいうまでもありません。

　利用者の尊厳や権利を保障する態度が家族にしっかりと評価されると、自然に信頼関係は深まっていきます。

- 利用者家族が知りたいのは、「自分の親の尊厳や権利がどう保障されているのか」ということです。施設が利用者の尊厳や権利を保障する態度を示すには、まず、「事故」「苦情」について報告することが大切です。
- 施設として、家族の不安を解消することに努めましょう。利用者の尊厳や権利を保障する態度が家族に評価されると、自然と信頼関係が深まっていきます。

まとめ

COLUMN 6 信頼

ある特養の家族会でこんなエピソードがありました。いつものように、この1年間にあった事故や苦情、その後に利用者の楽しみや役割づくり、看取り等の取り組みを報告した後、「今までの報告のなかで、尋ねてみたいことはありますか?」とご家族に問いかけました。すると、あるご家族(長男)が「うちの父親は家にいるときには動き回って、私たちが注意するとすぐに叩いてきましたが、職員さんに迷惑をかけていませんか?」と真面目な顔をして尋ねられました。確かに、その方が不機嫌なときには職員が叩かれることもありました。しかし私たちは、家族会でお答えするわけにもいかず、思わず苦笑してしまいました。すると、そのご家族が雰囲気を察したのか、「長年お世話になって、私はこの施設を十分信じておりますので、迷惑をかけるようなことがあるなら遠慮なくやり返してください」とおっしゃられました。それを聞いた周囲のご家族がまた苦笑……。私たちも「それはできません。それをしたら虐待です(笑)」とお答えしました。

自分の親を最後まで介護できなかった後ろめたさ、施設に預けた後ろめたさを感じているご家族もたくさんいます。私たちが、いくら「苦情や要望を忌憚なくおっしゃってください」と言っても、なかなか正直に言っていただけないのが実情です。このご家族は、そういった後ろめたさや申し訳なさと、施設に対する信頼感の両方から、このような発言をされたのだと感じました。シリアスな内容にもかかわらず、家族会が心地よい笑いに包まれ、ほっこりとした瞬間でした。この発言を聞いたとき、「信頼してもらえている」と、とても嬉しい気持ちになると同時に、真摯な態度がいかに大切であるかを再確認したエピソードでした。

10 リスクマネジメント❶ ヒヤリ・ハットから学ぶもの

> **POINT**
> 施設や居住系サービスでは、さまざまなトラブルや事故が発生します。そうした事態を未然に防ぐため、「ヒヤリ・ハット」が職場に浸透するよう働きかけましょう。

ハインリッヒの法則とヒヤリ・ハット

「ハインリッヒの法則」は、アメリカの安全技師のハインリッヒが労働災害発生の統計データを分析し発表したものです。"1つの重大事故の背景には29の軽微な事故があり、その背景には300の無傷の事故が存在する"という統計結果から導き出したもので、介護現場における事故にも応用されています。

このうち、「300の無傷の事故」がヒヤリ・ハットに相当します。介護現場ではご存じの方も多いと思いますが、"重大な事故には至らなかったものの、事故に直結してもおかしくなかった一歩手前の事例の発見"をいいます。介護現場では"起こってしまってからでは遅い"ことが多く、予防する手立てとして、ヒヤリ・ハットの活用が大切なのです。

ヒヤリ・ハットは主観的

介護現場でも日常的に起こる、ひやっとする・はっとする出来事は、人によってもその人の知識や経験によっても異なります。個人の主観的な感じ方なので、職員によって判断の差があるのは当然といえます。

ヒヤリ・ハット事例をデータ化して基準を作成することは、忙しい介護現場では大変かもしれませんが、職員間の判断の差を埋めるヒヤリ・ハットの蓄積が、自分では気づかなかった注意点に気づく機会にもなり、その結果、職場の質の向上につながっていくことを理解しましょう。

図表6-10　ハインリッヒの法則

重大事故！
1

軽微な事故
29

ヒヤリ・ハット
300

図表6-11　ヒヤリ・ハットの視点

原因
認知症

ヒヤリ・ハット

理由
トイレに行きたい！

Aさんは、何でベッドの上に立ったんだろう？
どんな思いが隠されているんだろう？

ヒヤリ・ハットの記録と分析

　ヒヤリ・ハットを記録に残すことは注意喚起につながります。例えば、経過記録に【ヒヤリ・ハット】という表題をつけて日々共有する方法や、介護支援系ソフトの機能を活用し、【ヒヤリ・ハット】の件数や内容の分類、起きやすい時間帯のデータ化等をすることで、ある程度、ヒヤリ・ハットの性質、原因や傾向を分析できる環境が整います。

　「記録に残すことが面倒」「事故にならなかったから」「文章を書くのが苦手」など、記録を蓄積していくことは簡単ではありません。しかし、事故が起こった後をイメージしてもらう、勤務時間内に記録を作成できる体制をつくる、記録の見本や添削による負担感の軽減など、さまざまな工夫を実践していきましょう。

ヒヤリ・ハットの視点とは

　例えば、「明け方の5時に状態確認のため訪室すると、認知症の利用者Aさんがベッドの上に立っていた」というヒヤリ・ハット事例が発生したとします。

図表6-12 経過記録の記載例

日時	経過記録
○月○日 5：00	【ヒヤリ・ハット】 5時に状況確認のため訪室すると、A氏がベッドの上で立ち上がっている。あわてて駆け寄りながら「Aさん、どうしたんですか」と声をかけると……

　この場面を記録に残しながら、「A氏は夜間せん妄症状のとき、床布団とベッドの違いがわからないため、ベッドの上に立つことがあります。1時間に1回訪室して確認しましょう」と発信したとします。

　このヒヤリ・ハットの視点は、A氏は認知症のBPSDと意識混濁のために「ベッドの上に立つことがある」という事実と、「定期的に訪室して状況確認をする」という対処法です。原因は確かに認知症ですが、認知症は治りません。また対処法では状況の改善にはつながらず、いつベッドからの転落事故につながるとも限

ません。

原因とともに理由を探る

　ヒヤリ・ハットにはどう対処すればよいのでしょう。そのヒントは、「理由を探る」にあります。Aさんは認知症ですが、認知症はベッドの上に立つ理由ではありません。では、「理由」は何なのでしょう。例えば、「トイレに行きたい」であったり、「ここはどこ？　何でこんなところにいるのだろう？」であったりします。

　次に職員側の事例で考えてみます。例えば、「利用者の服薬を間違いそうになった」というヒヤリ・ハットが発生したとします。原因は「薬の種類が非常によく似ていた」ことでした。誤薬しかけた理由を職員に尋ねると、「服薬介助のとき、居室からナースコールが続いて早く行かなければと焦っていた」という話でした。

　利用者も職員も同じで、「理由」は心の中（主観的世界）に存在しています。この理由を確認しないと、ヒヤリ・ハットは減らすことができません。Aさんがベッドの上に立つヒヤリ・ハットを減らすには、トイレに行った時間や排尿の時間をチェックして、早めに声をかけてトイレに誘導するなどが考えられます。職員の誤薬を減らすには、服薬介助時には一息ついて利用者の名前を声に出して確認する、などです。

　ひやっとした、はっとしたような出来事が起きたときには、原因を追求すると同時に、必ず理由を探す意識づけが必要です。

- 「ハインリッヒの法則」「ヒヤリ・ハット」を意識して、日頃の業務で事故が発生しないよう、職場内の意識共有に努めましょう。
- 記録に残すなど、事例を蓄積することで、意識と質の高い職場環境を実現しましょう。
- "原因"とともに、なぜという"理由"を解明しましょう。

11 リスクマネジメント❷
事故は多様な視点から分析する

> **POINT**
> 事故が起きた際には、同様の事案が発生しないよう事故報告書を作成します。多角的な視点を有することで、事故発生の予防に努めましょう。

事故とは何か

　事故報告書の「事故」とはどのような範囲のものを指すのでしょう。怪我をして救急搬送や受診に至ったり、看護師が処置をしなければならないような案件をイメージするのではないでしょうか。

　しかし、高齢者のケア現場では、受診や処置に至らないような、原因不明の小さな傷や圧迫痕などが日常的に発生します。このような傷等は、「どこでできたんだろう？ 皮膚が弱いから仕方ないね」で済ませてよいものでしょうか。そうではありません。5ミリの原因不明の傷でも事故は事故。事故報告書を作成して記録として残しておく必要があります。

　他にも「誤薬」という事故があります。誤薬といえば、配薬ミスで他の利用者の薬を飲ませてしまうこと、薬の飲ませ忘れといった認識が一般的だと考えられます。しかしそれだけではなく、「（認知症の）利用者が服薬したはずの薬がポケットから出てきた」、服薬してもらったはずの薬が「口から吐き出して半分溶けかけたものが床に落ちていた」といった案件も誤薬であり、記録として残しておくことが求められます。

　施設は利用者が家族から離れて生活する密室性の高い環境にあります。加えて、利用者は高齢者で障害もあります。「こんな傷なら、まあいいか」「間違って服薬さえしなければ私たちの責任じゃない」といった空気が施設に蔓延するのは非常に危険です。受診等につながる案件だけを事故とするのではなく、小さな傷でも、

> **図表6-13** 事故発生時の基本的な流れ
>
> ❶**事故の発生**
> ・事故の現状を客観的に評価し、言葉で伝えることができる
> ❷**事故内容把握と緊急性の評価（経過観察レベル、事業所内での処置レベル、主治医連携レベル、救急搬送レベル）**
> ・緊急度が評価できる
> ❸**事故対応および初期対応および他職員への協力要請（連携）**
> ・一時救命対応、看護師等への応援要請、救急搬送要請等の役割分担
> ❹**経過の記録**
> ・経過記録および事故報告書の作成
> ❺**課題整理（モニタリング）**
> ・結果における残された課題整理
> ❻**具体的な対応方法や対応システムの修正**
> ・残された課題を達成するための具体的な実践・システムの修正

薬が床に落ちていたといった案件でも「事故」として認識し記録しておきます。

ありがちな事故報告書の課題

　事故報告書の書式を見ると、1つの課題が見えてきます。それは、事故が発生した原因を一方向的にとらえる傾向です。わかりやすく言うと、事故が起こった原因が、利用者のたまたま近くにいたスタッフの不注意に収束する、言葉を変えれば、事故の全責任が身近にいた職員にあると誤解されるような事故報告書です。このような事故報告書になっていないか、自施設の書式を改めて確認してみましょう。

事故分析の多角的視点

　事故の分析はアセスメントの視点にヒントがあります。アセスメントは、「利用者の"語り"」「健康」「心身機能・身体構造」「活動（ADL・IADL）」「役割（参加）」「個性・生活史」「環境（人的・物理的・制度的）」の7つのカテゴリーで分析します。
　例えば、事故が発生する前の利用者の状況（言葉（思い・心理状態））、疾患、心身機能・身体構造、ADL・IADL、人的環境（スタッフ、他の利用者、家族等）、

図表6-14 「事故報告書」の例

氏名：A氏		
疾患名：アルツハイマー型認知症　高血圧　脳梗塞		
事故の種類：■転倒・転落　□傷・内出血　□誤嚥　□誤薬　□無断外出　□利用者間トラブル		
発生場所：リビング（夕食時）	発生日時：8月5日　18：30	
事故発生時の状況と対応 利用者10名が夕食のためにリビングに集まり夕食を摂っていた。A氏は速いペースで食事を終え、テレビでこの時間にしている「〇〇」という情報番組をいつものように見ていた。普段は落ち着いているが、今日は突然立ち上がり、左横向きに一歩足を動かしたところで、崩れるように尻もちをついた後、「痛たた…」と大きな声を上げる。		
事故直後の対応 すぐに駆け寄り、起き上がらせようとしたが、痛みの訴えが強く、応援職員を呼び、二人でゆっくりと車椅子に乗せベッドに移乗する。痛みの部位は右臀部。		
【体温】36.8℃　【血圧（高）】140mmHg　【血圧（低）】67mmHg　【脈拍】67/min		
事故前の利用者の状況（病状、心身の状態等） 本日家族の面会があり、帰った直後から「何で帰ったの？　連れて帰ってもらおうと思ったのに」の言葉あり。リビングから廊下へ小走りをして家族を探す姿が見られていた。		
本人は何をしていたか 夕食後リビングの自分の席にてテレビを観ていた。		
利用者の近くにいた職員は何をしていたか A氏のテーブルをはさんだB氏の食事介助を行っていた。ふらついた瞬間を見て駆け寄ったが間に合わなかった。		
その他の職員は何をしていたか C氏からトイレの訴えがあり、居室にて対応していた。		
その他環境の影響（人的・物理的） 家族の面会が精神的な「不穏」につながった可能性がある。他の利用者との会話や接触はなく、転倒への間接的な影響はなし。 本日予定していた食事介助ボランティアが所用のためキャンセルとなった。物理的な環境に問題はなし。		
総合的な要因 家族の面会によりA氏の不穏が強まっていたのは把握していたが、今まで面会があっても穏やかに過ごしていたので、食事中に急に立ち上がることについては予測できなかった。 また、もう一人のスタッフが排泄介助で居室に入っており、加えて食事介助ボランティアが急に休みになったために、一時的にリビングにいる職員が一人になっていた。		
今後の対応（改善策）		
利用者（依頼・働きかけ）	ケアの見直し	物的環境の見直し
なし。	どのような利用者であれ、いつもと違う動きがあることに十分注意する。人手が不足している時には、利用者の席次を一時的に変更して急な動きに対応できるようにする。	食事時の席次の再評価を8月10日までに行い、17日にモニタリングを実施する。

物理的環境（居室、トイレ、浴室、ベッド、テーブル、靴等）といった多角的な視点で事故を分析します。

　事故直前に利用者からはどのような訴えがあり、健康状態はどのようであったか、心身機能に通常とは違う変化がなかったか、基本動作の不安定さは？　事故の間接的な要因に他の利用者が影響していないか、事故発生の瞬間にそれぞれのスタッフは何をしていたか、インフルエンザ等のアウトブレイクでスタッフが繁忙を極めていなかったか、生活環境や福祉用具は利用者にとって適切であったか等です。

　このように多角的な視点で事故を分析することで、ケアスタッフという人的環境に責任を収束させ、原因と対策を見えなくすることを防ぎ、対策を客観的、具体的に見立てることができます。

> **まとめ**
> - 受診等につながるような案件だけを事故とするのではなく、小さな傷等でも「事故」として認識し記録しましょう。
> - 事故の全責任が身近にいた職員にあると誤解される事故報告書になっていないか留意しましょう。
> - 多角的な視点で事故を分析することで、原因を的確にとらえて対策を客観的・具体的に見立てることができます。

ヒヤリ・ハットはすべて職員が悪い？ COLUMN

　私の施設では、入所者の平均年齢は88歳、ターミナル期の利用者が3割を超えます。職員は複数の利用者に目を配る毎日です。ヒヤリ・ハットが増加して当たり前のような状況ですが、気をつけたいことが1つあります。それはヒヤリ・ハットの要因分析についてです。

　職員に、ヒヤリ・ハットについての記録を求めると、「自分自身の不注意である」と結論づけるスタッフが多いのです。真面目な職員なのか、そういう教育を受けてきて当たり前と思い込んでいるのか。

　ある日、巡回していると、リビングに車椅子で座ってテレビを観ていた利用者が立ち上がっていました。慌てて駆け寄って座ってもらいましたが、担当職員はどこに行ったのやら……。

　職員を呼んで「理由」を尋ねました。「Aさんが立ち上がっていたから、駆け寄って座ってもらったよ。忙しそうだね？」「あ、そうでしたか……。ありがとうございます。実は、Bさんの姿が見えないのに気づいたので部屋を見に行ったら、ベランダに出ておられて。外は寒いし、慌てて誘導しようと……」。（……そういうことだったのか。）

　これが、ヒヤリ・ハットの連鎖です。ヒヤリ・ハットはさまざまな要因が折り重なって起こります。職員の不注意と結論づけるような一方的な視点やシステムだと、職員は「どんなに頑張っても結局は自分が悪いんだ」と思い込み、疲れてやる気を失ってしまいます。職員に原因を押しつけない、さまざまな要因と理由をしっかりと探る視点とシステムを作らなければなりません。

施設利用者の
状態像別ポイント

7

CONTENTS

01 疾患の継続的観察が必要　病気（身体）の変化をチェックする
02 認知症❶その人の生きる世界を理解する
03 認知症❷バリアフリーの悪影響
04 認知症❸自己決定と利用者利益
05 看取り・家族支援❶枯れるように"逝く"ために
06 看取り・家族支援❷看取りの指針
07 看取り・家族支援❸看取りの合意

01 | 疾患の継続的観察が必要
病気（身体）の変化をチェックする

POINT
病気の管理は生活場面ごとに整理しましょう。薬の副作用についても把握しておくと、スピード感が必要となる対応でも、慌てずに判断できます。

病気の管理は生活場面ごとに

「病気の管理は主治医と看護師に任せています」というケアマネジャーの声を聞くことがあります。しかし、最も身近にいて利用者をケアしているのはケアスタッフです。医師はラウンドして、看護師の情報提供を受けながら診察をしますし、看護師は医師の指示のもとにさまざまな看護処置を行います。ただし、日々の状態変化を看護師に報告するのはケアスタッフです。

それでは、ケアスタッフと看護師の連携をケアマネジャーはどのように組み立てればいいのでしょう。そのヒントは「生活場面」にあります。

例えば、「高血圧」「心不全」の診断名があるとします。主治医からは降圧剤が処方され、看護師は血圧を継続的にチェックして異変があれば主治医に報告します。ケアマネジャーは、ケアワーカーがいち早く異変に気づくことができるようにマネジメントしなければなりません。そのためには、どのようなことに注意しなければならないかを医療ニーズで一括りにするよりも、生活場面ごとに整理するのが最もわかりやすいのです。

例えば、ケアをする立場になってみるとわかります。ケアの基本は入浴、食事、排泄というように生活場面ごとに実施されます。つまり、さまざまなニーズを生活場面で統合することで、この生活場面では何をすべきかが具体的に見えてきます。入浴時には、入浴前のバイタルチェック、体重の管理や浮腫のチェック、高血圧時の対応、入浴後の水分補給等、食事時には、塩分とカロリーの管理、栄養

図表7-1　生活場面における注意点

入浴時の注意点	入浴前には血圧と脈を測定。 2週間に1度の体重測定。浮腫のチェック。 160mmHg/90mmHg以上の場合はシャワー浴。 入浴後は水分補給。
食事時の注意点	塩分は5g/日以下　カロリーは1500Cal/日。栄養バランスのいい食事。水分は1500ml/日以上。
運動時の注意点	動きのある運動の前には血圧と脈を測定。息切れ、顔色に注意。気分が悪いときはすぐに周囲に知らせる。

バランス、水分摂取の目標量の設定と管理、運動時には、運動前のバイタルチェック、運動中の喘鳴や表情、顔色の確認といったことです。

医療的なアプローチは主治医と看護師中心ですが、病気の悪化や改善のチェックはケアワーカーが生活場面ごとに行うようにマネジメントすることが求められます。

薬の副作用を知っておく

高齢者は慢性疾患が多く、さまざまな薬を服用しています。それぞれの薬には作用と副作用があります。薬局から出された処方箋で何の薬かはわかりますが、さらに詳しく知りたければ、インターネットである程度調べることもできます。

特に、認知症改善薬や抗精神病薬は、利用者によって効果がある人もあれば、副作用が強く出てしまう人もいます。症状を観察して、BPSDの悪化、傾眠、歩行の不安定、便秘等の身体症状が出た場合には、速やかに看護師を通して主治医に報告する必要があります。

> **まとめ**
> - ケアマネジャーは、ケアワーカーがいち早く健康面の異変に気づけるようマネジメントしなければなりません。注意点を生活場面ごとに整理するとわかりやすいでしょう。
> - 高齢者の多くは、さまざまな薬を服用しています。副作用の症状を把握して、服用時に注意しましょう。

02 | 認知症❶ その人の生きる世界を理解する

> **POINT**
> 認知症の人の支援には、その人の生きる世界を理解して、役割を提供する働きかけが大切です。BPSDはその人の生きる世界を理解するうえで大切なヒントとなります。

感じ方は人それぞれ

　私たちは、自分の目を通して外の世界を見ています。しかし、たとえ同じ景色を見ても、人それぞれの見え方があるといわれます。山の景色を見て、ある人は美しいと感じても、別の人は猛々しいと感じるかもしれません。

　人には、その人にしかわからない主観的現実があります。同じものを見ても、それをどのように感じ、どのように見えるかは、その人の気質や個人的な価値観により全く異なるものとなります。

　また、認識できているものが現実で、認識できていないものは現実ではないともいわれます。例えば、Aさんは目の前の道端の小さな花に目をやり「美しい」と思いました。一緒に散歩していたBさんは通る車を見ていて花には気づきませんでした。その場合、Aさんにとって小さな花は現実にあったものですが、気づかなかったBさんにとって花は存在していないということになります。同じ時間をともに過ごしても同じ現実世界に生きているとは限らないのです。

02 認知症❶その人の生きる世界を理解する

図表7-2 認知症の人を理解する

・認知症の人の困りごと（主観的現実）を理解する
・BPSDを利用者の"語り"と理解する

図表7-3 生活を良循環させる（生活リハビリ）

・「誰かのため（役割づくり）」は、「人を動かし（活動性の向上）」、動くことで「心が活性化（精神機能の改善）」する
・「昔取った杵柄」は無理なく、楽しく取り組むことができる
・「できる役割（能力レベル）」を「している役割（実行レベル）」に

その人の生きる世界を理解する

　他の人の主観的現実を少しでも理解するにはどうすればよいのでしょう。それは本人に教えてもらうしかありません。その人の"語り"にじっくりと耳を傾けるのです。先ほどの例で言うと、目の前の景色がどのように見えているかをじっくり聴かせてもらうのです。

　今の自分をどのように感じ、過去、未来をどう感じるのか、周囲の人々やその他の環境をどのように感じるのか"語り"を聴くことで、その人の生きている現実世界を少しでも理解することができます。

BPSDは利用者の"語り"

　認知症には中核症状とBPSDがあります。中核症状は、記憶障害、見当識障害、実行機能障害、注意力障害、失行、失認、失語等です。BPSDは、徘徊、被害妄想、不穏・興奮、粗暴行為、異食、幻覚、アパシー（1日中居間に座っていてもまったく平気で、本人が苦痛を感じていないといった状態）、シャドーイング（つきまとい）、抑うつ、せん妄等があります。

　BPSDのこのような表現は、状態像を共有するための、いわゆる「専門用語」です。その目的は利用者のリスクマネジメントにあり、アセスメントシート等において、「このような症状があるので、事故やトラブルに気をつけてください」とリスクを共有するためであるといえます。

確かにリスクマネジメントの視点も重要です。しかし、専門職に真に求められるのは、BPSDを認知症の周辺症状として理解するだけでなく、非言語コミュニケーションとして理解する視点です。例えば、「徘徊＝歩く目的は何か（家に帰ってごはんをつくらないと……）」、「粗暴行為＝人を叩くのはどのような感情からか（あなた誰？　触らないで!）」、「被害妄想＝お金を盗られたと思う気持ちの背景（お金が無い！　支払いができない……）」といったように、その理由、つまり、心の中にある不安の要素を探ろうとすることです。

役割づくりが生活リハビリに

認知症の人の活動性を高める（リハビリテーション）には、どのようにアプローチすればよいのでしょう。MCI（軽度認知障害）や軽度の認知症の人であれば、リハビリテーションの目的や内容を理解できる人もたくさんいるでしょう。しかし、中等度の認知症の人にプログラムを組み立てて日々実施しても、認知機能の低下や記憶障害によって、リハビリテーションの必要性が理解できなかったり、仮に理解できたとしても、抑うつ等の気分障害や記憶障害等により継続できずに活動性を高めることができない人が多いのが現実です。

人は「誰かと一緒に」「誰かのために」といった役割に生きる価値を見出します。他者とのつながりが生きる意欲につながり、生きる意欲が活動性（ADL・IADL）を高めます。活動性が高まれば心身機能が高まります。生活機能の良循環です。この良循環が生活リハビリテーションなのです。

昔とった杵柄

認知症の人が新しいことにチャレンジするのはなかなか難しいため、着目したいのが生活史です。その人がどのように生きてきたのか、いつもしていたこと、好きだったこと等を、利用者本人や家族に聴かせてもらうのです。

筆者の法人のグループホームには「食生活改善をテーマに調理について考える会」の会長を長年していたAさんという女性利用者がいます。認知症はかなり進行していますが、調理の腕前はたいしたものです。声をかけると快く台所に立つ

てくれます。認知症の人は、2つの調理の同時進行は苦手ですが、1つの調理に集中すると長時間持続して作業できます。その間は頭や体をフルに使っているのです。調理はAさんにとって「昔取った杵柄」ということです。無理なく、楽しく活動できるのです。

「できる役割」を「している役割」に

Aさんは毎日調理を手伝ってくれます。自分自身のためだけではなく利用者全員のための調理なので、Aさんには「役割」が存在します。調理をした後には弾んだ会話が繰り返されます。「Aさん、ありがとうございます。助かりました」「いいのよ。いつでも声をかけてくださいな」。このやりとりで、「私も役に立てるんだ。喜んでもらえて嬉しい」という感情が湧いてきます。この感情がAさんの「自己承認欲求(セルフ・エスティーム)」を満たしてくれます。この湧き上がる感情が認知症のBPSDや気分障害などを改善してくれるのです。

認知症の利用者でもできないと決めつけるのではなく、生活史に耳を傾けたり、日々の生活を観るなかで、「できるのにしていない」、という「できる役割」が隠されている可能性があります。「できる役割」を見つけ出し、毎日してもらうことができれば、「している役割」に昇華できるのです。

- ・BPSDは個性・生活史や家族の関わり方、便秘や脱水、薬の副作用等も大きく影響します。さまざまな視点から分析しましょう。
- ・人は「誰かのために」といった役割に生きる価値を見出します。他者とのつながりが生きる意欲につながるのです。
- ・生活史から、利用者の「昔取った杵柄」を見出しましょう。認知症の人でも無理なく、楽しく活動できるヒントがあります。

03 認知症❷ バリアフリーの悪影響

> **POINT**
> 環境へのアプローチには、プラス面とマイナス面があります。過度のバリアフリーは、認知症の人にとって悪影響となることもあります。

環境アプローチのプラスとマイナス

　自立は、自分で決めて自分で実行できることといえるでしょう。活動範囲が広がれば、事故が起こる可能性も高まるため、ある意味、リスクを冒す自己決定でもあります。

　ケアマネジャーは利用者の自立を支えつつ、リスクを最小限に抑えることが求められます。例えば、「最近、利用者の歩行が不安定でトイレに行きにくくなっていて失禁も増えている」という事実を確認したとき、どのような自立に向けたアプローチが頭に浮かぶでしょう。

　よくある発想がポータブルトイレの設置です。では、ポータブルトイレの設置が利用者の生活にどのように影響するのか考えてみます。まず、プラス面について見てみると、転倒のリスクは明らかに減少します。心理的にも不安が軽減され、失禁も減少するかもしれません。失禁が減少すれば尿路感染のリスクも減少しますし、尊厳も守ることができます。

　次に、マイナス面について考えてみたいと思います。ポータブルトイレを設置すると実用歩行が減少します。例えば、トイレまで5メートル、24時間で8回トイレに行くと、往復80メートルの実用歩行が消失します。実用歩行の消失は下肢筋力の低下につながり転倒のリスクを増加させます。また、トイレのように陰部の洗浄ができないとしたら尿路感染の可能性も増加するでしょう。排泄物の処理を他人にまかせるとその人の尊厳にも大きく影響します。

ケアマネジャーはADLの低下という問題状況に関して、環境アプローチのみの視点で解決しようとする傾向があるといわれます。しかし、環境アプローチには必ずプラス面とマイナス面の影響があることを理解して、その影響を評価したうえで実施しなければなりません。

バリアフリーの悪影響

地域のバリアフリー化は社会参加を増進します。また、バリアフリー化は重度の高齢障害者の支援には欠かせません。施設は、在宅と比較すると、人的にも物理的にもバリアフリーです。前述したポータブルトイレもバリアフリー化の一環といえますが、過度のバリアフリー化は確実に利用者の活動性を低下させ、心身機能を低下させる悪循環となることを理解し、評価したうえでアプローチしなければなりません。

心身機能の改善を同時に考える

転倒等の事故のリスクを最小限に留めるために、バリアフリー化は重要です。しかし、前述したような心身機能の低下という悪循環に陥らないためには、環境の改善と同時に、活動性や心身機能を改善する視点を合わせてアプローチしなければならないことを知っておきましょう。

- 環境アプローチの影響は必ずプラスとマイナスの両方があることを理解し、どのような影響を及ぼすかを評価したうえで実施しましょう。
- 過度のバリアフリー化は確実に利用者の活動性を低下させ、心身機能の低下に悪循環することを理解し、悪循環を評価したうえでアプローチしましょう。
- 環境改善と同時に活動性や心身の機能を改善する視点を合わせてアプローチしましょう。

04 認知症❸ 自己決定と利用者利益

> **POINT**
> ケアマネジャーは、利用者の自己決定と利益優先のはざまで、板挟みになることがあります。認知症の利用者の支援に際しては、権利擁護の観点を大事にしましょう。

自己決定と利用者利益優先のはざまで

　ケアマネジャーの倫理原則の1つに「自己決定（主体性の尊重）」があります。たとえ心身の機能障害で実行することが制限されていても、自分で決められる生活場面を可能な限り支援していくという考え方です。自分で実施することができる「実行レベルの自立」に対して、「決定レベルの自立」を保障するものです。

　しかし、自分で決めたことが自分自身の不利益になったり、家族の不利益になることがあります。例えば、利用者のAさんは夕方になると「家に帰らせていただきます」と言いながら廊下を徘徊します。Aさんの主体性を尊重するなら家に送り届けることになりますが、在宅生活が困難になり入所しているAさんを家に送り届けたら結果は明白です。この事例では、「自己決定」と「利用者利益の優先」という倫理原則がぶつかりあう倫理的ジレンマが起こっています。実践の現場はこのような倫理的ジレンマにあふれています。施設ケアマネジャーは専門職として倫理的ジレンマを解消する着地点を見出さなければなりません。

権利擁護を心に留める

　施設利用者は、重度の障害によって意思表示できない人が多く含まれるので、支援の方向性が支援者側の規範的ニーズに偏る可能性があります。それが利用者

図表7-4 利用者の語られない"思い"を推察する

や家族の要望を無視したものになっていないか、確認しなければなりません。過去の意思表示ができた頃のエピソードを参考にしたり、家族から利用者の好きだったこと（もの）嫌いだったこと（もの）を聴かせてもらうなど利用者の個性を知り、語られない"思い"を推察することは権利擁護の重要な要素です。

また、すべての利用者にもいえますが、活動性が保たれている認知症の利用者は他者との関わりでトラブルになることがあります。他の利用者とのコミュニケーションにおいても権利擁護を意識したアプローチが求められます。

> まとめ
> ・私たちの実践現場は倫理的ジレンマにあふれています。専門職として、そのような場合にはジレンマ解消の着地点を見出さなければなりません。
> ・認知症の利用者は、他者との関わりが多ければ多いほど、権利擁護を意識したアプローチが求められます。

05 看取り・家族支援❶ 枯れるように"逝く"ために

> **POINT**
> 施設では看取り支援も重要です。施設だからこそできる緩和ケア、家族とスタッフがともに看取るための体制づくり等について、しっかり理解しましょう。

老衰(慢性疾患)における看取りの特徴

　看取りには大きく分けて2つの状態像があります。1つはがん末期の看取り、もう1つは老衰(慢性疾患)による看取りです。ここでは、高齢化に伴って爆発的に増えている老衰(慢性疾患)による看取りについて考えます。

　老衰による看取りの特徴は2つあります。1つは、利用者の意思確認が困難なことです。日本の実践現場では、自分自身が看取り期を迎えたときにどうありたいのか事前の意思確認を行う「事前指示書(アドバンス・ディレクティブ)」についての取り組みがまだ十分ではないうえ、看取り期を迎えたときに認知症の中核症状等が強く現れていることが多く、看取りにおける意思確認の多くが家族による代理判断に委ねられています(第7章**06**参照)。

　もう1つは、予後予測が難しく、主治医が「看取り期である」という診断をしてから実際に逝去するまでの期間には個人差があることです。平均寿命の延伸、医療・介護環境の向上、主治医による早めの看取り診断等の要因により、看取り期が長期化する傾向もあります。

　主治医が早めの看取り診断を行う理由は、老衰における看取りの予後予測の困難さ、利用者・家族へのインフォームド・コンセントに対する責任、利用者の利益にはならない苦痛を伴うだけで効果が期待できない延命的な治療をできるだけ避けたい等が推察されるでしょう。ただし、診断の時期が医師により大きな差があることには注意が必要です。

図表7-5　施設看取りに多い老衰(慢性疾患)による看取りの特徴

- 利用者の意思確認が困難（家族が代理判断者となる）なケースが多い
- 予後予測が難しく、看取りが長期に渡る場合も多い
- 地域における「看取り」の共通理解ができていない
- 施設でできる緩和ケアは、疼痛や苦悶の緩和だけでなく、人との関わり等の要素の１つ

「看取り」の共通理解

　看取り死とは「枯れるように自然のままに逝く」といった表現を見かけるようになりました。治療をして延命をしても、それが利用者にとって苦痛を伴うことが多く、利用者利益やQOLの向上につながるとは考えにくい状態のため、看取りは「苦痛を伴う無理な治療を継続するのではなく、自然のままに穏やかに逝くことを見守るケア」であると考えられます。

　看取りケアについてはいまだに共通理解されているとはいいがたく、地域ではさまざまなトラブルが発生し多くの課題があります。利用者・家族や支援する多職種のみならず、その他消防署や警察といった異職種、地域住民も含めての議論、学び（共通理解）、そして連携が求められます。

施設でできる緩和ケア

　老衰の施設看取りにおける緩和ケアはどのようなことが可能でしょう。ある程度の痛みや苦悶をとりのぞく医療処置は可能ですが、医療機関のような対応はできません。しかし、生活の場である施設だからこそ可能な緩和ケアもあります。例えば、可能な限り、人の集う場所で過ごしてもらうことができます。体調がよければリビングに出て他の利用者と同じ空間で過ごすといったことです。よい看取りの要素の１つである人との関わりの時間が多くもてるのは施設ならではといえます。

　それだけではなく、外に出て季節を感じることもできます。ボランティアのイベントに参加することも可能です。また、食べたいものを好きな時間に好きなだけ提供することも可能です。在宅や病院ではなかなかそうはいきませんが、施設

ならこのようなケアが毎日でも可能です。

　緩和ケアというと、痛みや苦悶のコントロールのイメージが強いと思いますが、施設でできる緩和ケアは、もっと幅広く、利用者と他者との関係性を維持するといった、人としての高みにある"思い"に対するアプローチも含めて考えることができます。

家族とスタッフがともに看取る

　看取りは、家族にどのようにかかわってもらうかが重要です。家族の関係は実に多様です。家族だけでなく親戚も参加しての看取りもあれば、ほとんど面会にも来てもらえない看取りもあります。家族関係によっては、よい看取りと感じられないこともあるので、スタッフも葛藤やストレスを感じます。

　施設としては可能な限り、家族の思いに沿って利用者に寄り添える看取りを実現しなければなりません。そのためには、「看取り」を迎えたときにはどのような経過をたどりながらそのときを迎えるのかを理解してもらわなければなりません。しかし、看取りの状態像や意味を理解できなかったり、どうしても受け入れができない家族もいます。このような場合は、時間をかけて思いを傾聴しながら繰り返し説明しなければなりません。

　また、家族の思いに沿って看取りにかかわれる環境づくりも求められます。例えば、家族がそばにいることができる環境です。施設への自由な出入り、個室で宿泊できる、食事が三食提供できる、お風呂に入れる、気晴らしのテレビや雑誌を見ることができる、疲れたときはいつでも外出や帰宅ができる、看取りでわからないこと、不安なことはいつでも尋ねることができる等です。

　こうした支援は、施設だからこそできることです。家族とともに看取ることができると、スタッフの達成感も高まります。スタッフにとっては、「最高の学び」ともいえます。ただし、心に留めておかなければならないのは、家族へ役割を押しつけるように看取りを強制してはならないということです。家族の多様性を理解し尊重しましょう。

05 看取り・家族支援❶枯れるように"逝く"ために

7 施設利用者の状態像別ポイント

- 老衰（慢性疾患）による看取りの特徴は、❶利用者の意思確認が困難なこと、❷予後予測が難しく、看取り期の診断を受けてから実際の逝去までに大きな個人差があることです。
- 施設でできる緩和ケアは、利用者と他者との関係性を維持するといった"思い"に対するアプローチも含めて考えることができます。
- 施設としては可能な限り、家族が思いに沿って利用者に寄り添える看取りを実現しなければなりません。

まとめ

06 看取り・家族支援❷ 看取りの指針

> **POINT**
> 看取り介護加算には「看取りに関する指針」の策定が算定要件です。急変時の救急搬送の際の対応等も含めて、体制づくりに努めましょう。

看取りの指針

「看取り介護加算」算定要件の施設基準は以下のように示されています。

- 常勤の看護師を1名以上配置し、当該指定介護老人福祉施設の看護職員により、又は病院若しくは診療所若しくは指定訪問看護ステーションの看護職員との連携により、24時間連絡できる体制を確保していること。
- 看取りに関する指針を定め、入所の際に、入所者又はその家族等に対して、当該指針の内容を説明し、同意を得ていること。
- 医師、看護職員、介護職員、介護支援専門員その他の職種の者による協議の上、当該指定介護老人福祉施設における看取りの実績等を踏まえ、適宜、看取りに関する指針の見直しを行うこと。
- 看取りに関する職員研修を行っていること。
- 看取りを行う際に個室又は静養室の利用が可能となるよう配慮を行うこと。

---

1) 植村 和正,「Advance directive と living will Ⅰ.アドバンス・ディレクティブとリビング・ウィル（総論）」, 日本老年医学会雑誌 52巻3号（2015：7）

「看取り介護加算」の算定要件には、「看取りに関する指針」の策定と入居時における説明が求められています。事前指示書（アドバンス・ディレクティブ）は、「ある患者あるいは健常人が、将来自らが判断能力を失った際に自分に行われる医療行為に対する意向を前もって意思表示すること」[1]と定義されています。「看取りに関する指針」は、このアドバンス・ディレクティブを意識した取り組みの1つといえます。

次ページ以降に、「看取り介護指針」の一例を掲載します。実践現場における課題を整理して作成されたものと理解してください。

急変による救急搬送

近年、看取り期には至っていない普通に生活している利用者が急変して救急搬送されたときに、救命救急医から一時救命処置（心肺蘇生、AEDによる除細動）、二次救命処置（気管挿管、外科的気道確保）を希望するか否か意向を確認されることも増えてきました。

救急時のこうした対応については、現在、倫理的課題について議論の渦中にあります。

実際にこのような場面に遭遇し、救急車内でカルテを見て慌てて家族に電話して医師に確認してもらったという話をたびたび耳にします。入居時にこうした事態が発生したときのアドバンス・ディレクティブ（事前指示書）の取り組みも考えなくてはならない状況となっています。

- 「看取り介護加算」の算定要件には、「看取りに関する指針」の策定と入居時における説明が定められています。
- 看取り期にはまだ至っていない高齢者が救急搬送されたときのアドバンス・ディレクティブ（事前指示書）の取り組みも課題の1つとなっています。

図表7-6 「看取り介護指針」の参考例

看取り介護について（看取り介護指針）

1. 看取りの目的
　　終末を迎えるに当たり、ご本人、ご家族の意向を最大限尊重させて頂くことを基本とします。
　　身体的・精神的苦痛及び不安を緩和し、最期まで自分らしく、穏やかで安らぎのある日々をお過ごし頂けるよう心を込めて可能な限りの支援をさせて頂きます。

2. 看取りの時期を迎えた状態とは
　　以下の2点をもって「看取りの時期」との定義とされています。
　①疾患及び老衰等が進行することにより心身機能が低下し、状態悪化や急変の恐れがあること。
　②治療を継続することの医学的な効果が認められず、回復の見込みがないと医師が診断し、加えて治療の継続がご本人の利益にはならないことが客観的に明らかであること。

3. 口から食事が摂れなくなった時の対応について
　　飲みこみの機能が低下すると、誤嚥性肺炎を繰り返したり、窒息の可能性が非常に高くなり、最終的には口からの食事ができなくなります。また、認知症や老衰の進行による食欲の低下により食事ができなくなることもあります。このような時には、生命を維持する手段として、経鼻経管栄養もしくは胃ろう造設という方法もあります。
　※すべての利用者に適応可能なものではありません。医師よりそういった対応が可能との診断があったときには、経鼻経管栄養もしくは胃ろう造設の希望の有無を確認させて頂きます（ご本人の要望が明確に確認できないときにはご家族の代理判断になります）。
　※ご本人の意思決定が可能な頃に、ご家族に看取りに関する要望を伝えておられるようなことがあればお教えください。

4. 看取り介護の考え方
　≪看取り介護についての合意について≫
　①老衰及び疾患の進行等による状態の重篤化から、医師が回復の見込みがなく、治療の効果が認められないと診断した場合に、看取り介護についての説明と合意の話し合いが開始となります。
　②ご本人とご家族に、医師もしくは医師の指示に基づいて介護支援専門員が

現在の心身の状態及び予後予測について説明を行い、看取りについての意向（看取り期であることについての説明を受けての理解と合意）について確認させていただきます。
　※「看取り介護」への移行を望まずに、医療機関等での積極的治療を希望される場合には、ご本人及びご家族の希望に沿った支援をさせて頂きます。
　※積極的治療を希望されるということは、急変時には積極的な延命のために、救急対応を行うことになります。
　※当施設は生活の場であり治療の場ではありませんので、医療的な支援においては限界があります。積極的治療における対応が困難となった場合には退所していただき、在宅での看取り介護となる場合があります。

≪心肺停止等の状態に陥った時の対応について≫
　　看取り（介護）を要望された場合、救急搬送及び救命処置（心臓マッサージ、自動体外式除細動器『AED』、人工呼吸『マスク、気管内挿管』、輸血等）は行いません。心肺停止に至ったときには、ご家族と主治医に連絡させていただきます。
　※主治医に死亡診断を依頼します。
≪積極的な緩和ケアについて≫
　　苦痛を伴う症状（全身倦怠感、発熱、下痢、便秘、嘔吐、嘔気、感染症、事故による怪我等）の早期発見に努めさせて頂き、痛みの訴えや苦悶が伺える際には、主治医と連携を図りながら支援させて頂き、出来る限り身体的苦痛の緩和に努めさせて頂きます。また、不安に共感し、体をさする、手を握る等スキンシップや声かけをさせて頂き安心と安楽を図り、精神的苦痛の緩和に努めさせて頂きます。
≪苦痛の緩和が困難な場合≫
　　主治医の指示による施設内での医療的処置をもってしても、苦痛を伴う症状が改善されないと判断した場合には、緩和ケアのための総合病院受診、状況に応じての救急搬送も行います。その時には、搬送先の医師に「看取り合意書」を提示し、緩和ケアが目的の受診であり、利用者、家族は延命的な処置は求めていないことの意向の合意がなされていることを明確に示します。
≪看取り支援経過の中で、気持ちに変化があった場合≫
　　お気持ちや意思に変化があった場合（やはり、救急搬送して、できるだけ延命したいと思うようになった等）には、遠慮なくお申し出ください。その都度、対応について見直しをさせて頂くと共に、意向に沿った支援をさせて頂きます。
　　ご本人やご家族より、宗教的な関わりについてのご要望がある場合にはできる限りの支援をさせて頂きます。

5. 看取り介護におけるケアプランについて
   ①看取り介護をさせて頂くにあたり、終末期に向けての支援について、ご本人やご家族のご要望に基づきケアプラン（サービス計画書）を作成します。ケアプラン（サービス計画書）の内容について、ご本人とご家族に詳細に説明させて頂きます。また、その後の状況の変化に配慮しながら適宜見直し、内容の変更が必要になった場合にはその都度ご本人及びご家族にご要望の確認をさせて頂きます。
   ②ケアプラン（サービス計画書）に基づき、主治医及びその他医療機関と連携しながら支援させて頂きます。夜間における連絡、対応体制（オンコール体制）を整備し、24時間連絡できる体制を整えており、状態変化における即応に努めさせて頂きます。

6. 看取り介護における支援について
   ①ご本人の嗜好や飲みこみの状態に配慮した食事の提供、好きな歌やなじみの香り、季節の花やご家族の写真を飾る等、ご本人やご家族の意向に沿ってその人らしい生活空間をつくります。ご家族が付き添いをご要望される際には、居室やゲストルームでの宿泊、食事、入浴の提供もさせて頂きます。
   ②ご本人の日々の状況把握を密に行い、随時ご家族に状態の報告・説明、支援におけるご要望の確認をさせて頂きます。また、ご家族の不安なお気持ちや、揺らぐお気持ちに寄り添い、思いを聴かせて頂くと共に、必要に応じ医師からの説明の機会を設け、不安の緩和に努めさせて頂きます。

7. 看取り後の支援について
   ①息を引き取られた際には、医師による死亡診断後に悔いのないひとときが持てるように、ご家族だけで過ごせる空間を準備させて頂きます。
   ※主治医による死亡診断が行われます。その後、立ち会われたご家族と一緒にエンゼルケアをさせて頂きます。その際、ご要望のあるお召し物があれば身にまとって頂きます。お見送りは可能な限り携わった全職員でさせて頂きます。必要に応じてご家族への支援（遺留品引き渡し、荷物の整理、相談対応等）をさせて頂きます。
   ②後日アンケート用紙を送付させて頂きます。ご本人やご家族の要望、意向に沿った看取り介護の提供が成されていたか、看取り介護を受けられてのご感想やご意見をお聞かせくださいますよう、ご協力をお願い致します。看取り介護の振り返りを行い、職員の学びと今後の看取り介護の実践に活かせるよう努めさせて頂きます。
   ※ご家族の心情に配慮させていただくことが優先であり、強制するものではありません。

8. 看取りに関する職員研修について
    施設内において、以下のような枠組みにおいて看取りに関する職員研修を実施します。
    ・利用者の尊厳の保持と看取りについて
    ・看取り期の心理とスピリチュアルペイン（終末期患者の人生の意味や罪悪感、死への恐れなど死生観に対する悩みに伴う苦痛）
    ・看取りケアの実際
    ・看取りに関する多職種連携
    ・家族とともに看取ることと家族支援
    ・看取り後のエバリュエーションカンファレンス（評価会議）

9. 看取り介護加算について
    看取り介護を受けられた入居者がご逝去された場合に、死亡日を含めて30日以内を上限として死亡月に看取り介護加算の自己負担額を別途請求させて頂きます。なお、退所等の翌月にご逝去された場合には前月分の看取り介護加算に係る一部負担の請求をさせて頂くことがあります。

    4〜30日：〇〇単位/日
    2〜3日：〇〇単位/日　計　〇〇単位　　自己負担額　¥〇,〇〇〇-
    当日：〇〇単位/日

≪看取り介護加算の要件≫
    ・医師が一般に認められている医学的知見に基づき回復の見込みがないと診断した利用者であること。
    ・ご本人またはそのご家族等の合意を得て、医師、看護職員、介護支援専門員等多職種が協働し、ケアプラン（サービス計画書）が作成されていること。
    ・医師、看護師、介護職員等が共同してご本人の状態またはご家族の求めに応じて随時、ご本人またはそのご家族への説明を行い、合意を得て介護が行われていること。

説明者氏名：　　　　　　　　　　　　　印　（職　　　　　　　　　）
※上記内容について説明を受け、合意します。

平成　　年　　月　　日　氏名：　　　　　　　　　　　　　印

07 看取り・家族支援❸
看取りの合意

> **POINT**
> 「看取り」は命を終えるとき、どうありたいかを自分自身で決める人生最大で最後の自己決定です。利用者の意向に沿った最期を支えるために、看取りの合意は重要です。

看取りの合意

　法整備がなされていない現在、看取りの合意に法的な効力はありません。また、終末期の利用者に合意をもらうことについては、倫理的な課題が存在します（この部分は尊厳死の議論に委ねます）。ここでは、利用者の意向に沿った看取りを支援するための連携について考えます。
　「看取り」は、自分自身の命を終えるのにどのようにありたいかを自分自身で決める、人生最大で最後の自己決定です。例えば、「寝たきりの状態で、認知症もあって、自分自身の思いを伝えることができなくなったときに、食事ができなくなったら胃ろうにはしてほしくない。しばらく点滴をしてもらい、点滴が難しくなったらそのまま天国に行きたい」（※あくまでも1つの例であり、「胃ろう造設」を否定する意図はありません）といった意向（自己決定）です。そしてその意向を、家族をはじめ主治医を中心としてかかわる多職種で共有します。そのときを迎えたら、利用者の意向に沿って、家族をはじめとした親しい人々で静かに看取ります。
　現在、老衰による看取りは長期化する傾向にあります。いろいろな要因が考えられますが、治療・介護環境が良くなったこと、老衰の場合には予後予測が難しいこと、主治医が利用者にとって無益と考えられる延命治療に否定的な考えをもつようになったこと等が推察されます。

看取りの合意書

　看取りとは、自然のままに、ありのままに枯れるように逝くのを支えることです。しかし、施設は家族や主治医が常時利用者のそばにいるわけではありません。

　看取りの場面において、家族も主治医も不在のなかで、時にスタッフだけで看取らなければならないことが多いのが実態であり、緊張と不安を抱えながらの支援となります。いよいよそのときを迎えると、頭ではわかっていても、「心肺停止しているのに本当に何もしなくていいの?」といった不安が湧き上がったりします。

　看取りには、もう1つの大きな課題として緩和ケアがあります。看取り期が長くなると、その間に誤嚥性肺炎になったり、インフルエンザに罹患したり、事故が発生したりします。このようなアクシデントがあっても、可能な限り、主治医が治療をします。しかし、時に主治医の治療では症状の緩和ができず、痛みや苦悶が継続する場合があります。そのような状態に陥っても、看取りを理由に黙って経過を見続けるしかないのでしょうか。

　私にも経験がありますが、本当に苦しそうにしている利用者を黙って見続けることは、人としてできるものではありません。このようなときには主治医と相談して、救急搬送によって総合病院を受診することもあります。

　スタッフだけで看取る不安を解消するためにも、緩和ケアのための受診時に、万が一、心肺停止しても延命的な処置は実施しないことを連携病院等に理解してもらうために「看取りの合意書」が必要になります。

まとめ

- 「看取り」は、命を終えるのに、どうありたいかを自分自身で決める人生最大で最後の自己決定。その意向を、家族をはじめ、主治医を中心としてかかわる多職種で共有しましょう。
- スタッフだけで看取る不安を解消するためにも、緩和ケアのための受診時に、延命的な処置は実施しないことを連携病院等に理解してもらう「看取りの合意書」が必要になります。

図表7-7 「看取りの合意書」の参考例

看取りの合意書

主治医意見
利用者〇〇氏は…看取り期にあると診断します。

1. 施設利用中に死の兆候が表れた時、もしくは心肺停止に陥った時には、AEDの使用、心肺蘇生、救急搬送は行わず主治医〇〇先生に連絡し、診断をお願いします。

2. 痛み等の苦痛を取り除く緩和、事故による怪我等については、状態に合わせて積極的に治療してください。

3. 看取りを継続する中で、意思に変化があったときには、〇〇先生、ケアマネジャー〇〇氏に相談します。

平成〇年〇月〇日

利用者氏名　　　　　　　　　　　　　　　　　　　　　印

家族氏名（代理判断者）　　　　　　　　　　　　　　　印

主治医氏名　　　　　　　　　　　　　　　　　　　　　印

07 看取り・家族支援 ❸看取りの合意

①利用者が看取り期にあることの主治医所見を記載します。

②死の兆候が表れてもAEDの使用、心肺蘇生、救急搬送等は実施しないことを明記します。

③緩和ケアは積極的に実施することを明記します。

④意向の変化があった時にはいつでも変更ができることを明記します。
※その他記載すべきと判断される個別的な意向がある場合には意向に沿って明記していきます。

⑤利用者の署名は意向が明確な場合には記載してもらえますが、看取りには現状では整理しなければならない倫理的課題がたくさんあり、実際に記載していただける事例は少ない現状があります。

⑥原本は利用者、家族が所有し、主治医や施設はコピーしたものを所持します。

看取りと管理

COLUMN

　ある日、管理栄養士とこんな会話をしました。「管理栄養士って、何を管理するの?」「何をと言われても……利用者の健康のために栄養バランスのいい食事管理をします」「それはそうだよね。じゃあいつまで? 亡くなるその日まで?」「えー……看取りの時期の前までですか……」「じゃあ何を根拠に判断する?」「……」

　私たちは、利用者の人生の最後のステージにかかわり、よりよく生き、よりよく逝くことができるように支える仕事に携わっています。利用者の"思い"を大前提に、安全・安心でいられるように配慮しながら、時にはその"思い"に沿った高齢期なりの自己実現を達成するために、危険を承知で冒険することを支えなければならないこともあります。

　私たちに求められる倫理原則は複数あります。例えば、「命を守る」「公正・中立」「自己決定（主体性の尊重）」「利用者利益の優先」「QOLの向上」「守秘義務と積極的情報開示」などです。最優先すべきは「命を守る」こと。では、看取り期に入っても命を守り続けるのでしょうか? それでは看取りとは言えません。

　可能な限り穏やかに逝くことができるように支えるのは当然のこととして、「看取り」は「命を守る」という倫理原則が優先されるステージではもうないのです。むしろ残された人生の「自己決定」や「QOL」などの天秤のバランスを目いっぱい考える時期でもあります。

　「看取り」で大切なのは、「人に囲まれて」「自分で決める」「あの世に思いをはせることができる」ことです。できるだけ一人にはしない、可能な限り自分で決めてもらう、死の淵まで未来を思うことができる……。1つ、1つを大切にしたいものです。

参考文献
①久保紘章・副田あけみ著『ソーシャルワークの実践モデル―心理社会的アプローチからナラティブまで』川島書店、2005年
②渡部律子著『高齢者援助における相談面接の理論と実際 第2版』医歯薬出版、2011年
③上田敏著『ICFの理解と活用―「人が生きること」「生きることの困難（障害）」をどうとらえるか』きょうされん、2005年
④障害者福祉研究会編『国際生活機能分類（ICF）―国際障害分類改定版』中央法規出版、2002年

著者紹介

中野 穣
なかの・じょう

社会福祉法人関寿会「はちぶせの里」統括管理者
介護支援専門員・社会福祉学修士・社会福祉士・精神保健福祉士・介護福祉士

大学卒業後、銀行員生活の後、福祉の世界に入る。特養ケアワーカー、特養生活相談員、養父市在宅介護支援センターを経て現職。

ケアプランに関する国内外の文献を渉猟し、一定の知識と経験があれば「自立支援型ケアプラン」をつくることができる方法論を確立。兵庫県内を中心に多くの研修会で講師を務める。

著書に、『ケアマネ1年生 はじめてのケアプラン』(中央法規出版)、『思考プロセスがわかる！ 自立支援型ケアプラン事例集』(中央法規出版)、共著に、『ケアマネジャー＠ワーク ケアマネジメントの進め方 利用者満足を高める100のチェックポイント』(中央法規出版)、『介護支援専門員専門研修課程Ⅰ 演習ワークブック』(兵庫県社会福祉協議会、『介護支援専門員現任研修テキスト第1巻専門研修課程Ⅰ』(中央法規出版)、『2訂／介護支援専門員研修テキスト主任介護支援専門員更新研修』(一般社団法人日本介護支援専門員協会)等がある。

だいじをギュッと！
ケアマネ実践力シリーズ

施設ケアマネジメント
利用者支援とチームづくりのポイント

2018年8月31日　初版発行
2023年6月10日　初版第4刷発行

著　者　中野　穣
発行者　荘村明彦
発行所　中央法規出版株式会社
　　　　〒110-0016
　　　　東京都台東区台東3-29-1 中央法規ビル
　　　　TEL 03-6387-3196
　　　　https://www.chuohoki.co.jp/

装幀・本文デザイン　　相馬敬徳（Rafters）
装幀・本文イラスト　　三木謙次
本文イラスト　　　　　藤田侑巳
DTP　株式会社ジャパンマテリアル
印刷・製本　新津印刷株式会社
ISBN 978-4-8058-5730-4

定価はカバーに表示してあります。落丁・乱丁本はお取り替えいたします。
本書のコピー、スキャン、デジタル化等の無断複製は、
著作権法上の例外を除き禁じられています。
また、本書を代行業者等の第三者に依頼してコピー、スキャン、
デジタル化することは、たとえ個人や家庭内での利用であっても
著作権法違反です。
本書の内容に関するご質問については、下記URLから「お問い合わせフォーム」にご入力いただきますようお願いいたします。
https://www.chuohoki.co.jp/contact/